SÍ A (CASI) TODO

FERRAN CASES

SÍ A (CASI) TODO

¿Y si ya tuvieras lo que necesitas para ser feliz?

Autoconocimiento

DIANA

Obra editada en colaboración con Editorial Planeta – España

https://ferrancases.com/

Maquetación: Realización Planeta

Bajo el sello editorial DIANA M.R.
Avenida Presidente Masarik núm. 111,
Piso 2, Polanco V Sección, Miguel Hidalgo
C.P. 11560, Ciudad de México
www.planetadelibros.com.mx

Primera edición impresa en España: enero de 2024
ISBN: 978-84-1119-119-7

Primera edición impresa en México: agosto de 2024
ISBN: 978-607-39-1584-7

Este libro no es un tratado de medicina y no sustituye la consulta con ningún profesional de la salud. En tanto que los consejos y sugerencias contenidos en este libro no están destinados a remplazar la terapia psicológica y/o la consulta médica, el autor no asume responsabilidad alguna por el uso que se dé a la información derivada de este libro, ya que solo debe ser considerado como un material de lectura.

Impreso en los talleres de Impresora Tauro, S.A. de C.V.
Av. Año de Juárez 343, Col. Granjas San Antonio,
Iztapalapa, C.P. 09070, Ciudad de México
Impreso en México – *Printed in Mexico*

SUMARIO

Tercera actitud: amar

PRÓLOGO

Los que nacimos en los años ochenta estamos marcados por una serie que puso las expectativas de la amistad muy altas. Una *sitcom* en la que seis amigos veían la vida pasar desde una cafetería del centro de Nueva York. Chandler, Monica, Joey, Phoebe, Ross y Rachel fueron también nuestros amigos durante diez años. Es muy habitual que en cualquier cena de los que rondamos los cuarenta se hagan varias referencias a *Friends* y alguien comente que se sabe los diálogos de memoria.

Y es que ¿quién no querría tener un compañero de piso como Chandler o vivir en el mismo rellano que Monica y Rachel? Cuando son compartidos, los buenos momentos son todavía mejores, y los malos son menos dramáticos, por eso la vida no se entiende sin los amigos al lado. Y de eso iba esa serie que conectó con medio mundo: de la amistad.

Ferran es mi amigo. Pero mi amigo de verdad. De esos a los que les reservas un dedo de la mano con la que se cuentan las verdaderas amistades. De aquellos por los que te alegras cuando les va bien y peleas a su lado cuando les va mal. De los que no hay que buscar en la agenda del móvil porque siempre están en llamadas recientes. Aquellos cuya conversación de WhatsApp está llena de insultos de máxima confianza. De los que te dejan leer su libro antes que a nadie y encima te piden que hagas el prólogo. Ferran es de ese tipo de amigos. De aquellos con los que gastarías la única llamada que puedes hacer desde una comisaría. De los que no habría que darle explicaciones de nada, solo decir: «tío, ven a buscarme». De los que nunca fallan. De los que son como hermanos. De los de *Friends*.

Sí a (casi) todo no es solo un libro. Es una actitud ante la vida. Es atreverse a que las cosas pasen. En cierta manera, es también como una *sitcom* en la que te reirás y te reconocerás en muchas de las situaciones reflejadas que estás a punto de leer. Es una patada a los argumentos manidos de los gurús de medio pelo. Es una invitación a vivir mejor de verdad. Por eso, cuando Ferran me contó de qué iba el libro, le lancé un reto: «Que sea diferente a todo lo que se ha leído hasta ahora sobre crecimiento personal, que sea como esas series que tanto nos gustaban. Que acabes con ganas de comerte el mundo. Que sea como *Friends*».

Es muy difícil que un libro de autoconocimiento pueda convivir con elementos de la cultura pop, pero Ferran lo ha conseguido. Así que ponte cómodo/a y disfruta de este viaje (temporal y emocional) que estás a punto de iniciar. Y a ti, Ferran, qué decirte, amigo. Enhorabuena por este libro, *I'll be there for you*.

ENRIC SÁNCHEZ,
comunicador

> No soy bueno dando consejos, ¿te interesa un comentario sarcástico?
>
> Chandler Bing

—Entonces, ¿has decidido no escribir más sobre ansiedad? —preguntó Sara con esa mirada penetrante que la caracteriza, como si cada una de sus preguntas estuviera cargada de un propósito oculto.

—Sara, siento que ya he derramado cada gota de tinta que tenía sobre la ansiedad. Han pasado doce años desde que ese monstruo dejó de acecharme, y estoy a punto de celebrar mi cuadragésimo cumpleaños. ¿Cómo podría añadir más páginas a ese capítulo? He compartido todo lo que deseaba compartir y seguiré difundiendo ese conocimiento mientras respire.

—Entonces, ¿qué?

—Siento que quiero explorar la actitud, la potencia, que reside en un «sí» decidido. Verás, a lo largo de ese viaje en el que enfrenté la ansiedad, descubrí un patrón: cada una de las acciones que ejecuté no solo me liberó del peso de esa sombra, sino que me transformó, me redefinió por completo. Y ahora entiendo que ese enfoque de vida, el cual he abrazado durante más de una década y que hizo que me liberara definitivamente de la ansiedad, puede servir de brújula para aquellos que se sienten atrapados y buscan un verdadero renacimiento en sus vidas.

—Ya, de todas maneras... —siguió Sara con su actitud de «voy a sentenciar esto»—. ¿Y si empiezas contando un poco quién eres? Ten en cuenta que muchos no sabrán de tu existencia.

—Tienes razón.

INTRODUCCIÓN

Un poquito de la gran hostia que me cambió la vida

Ahí estaba yo, en la cúspide de mis tiernos quince años, cuando la ansiedad se coló en mi vida sin pedir permiso. Si has leído alguno de mis anteriores libros ya conocerás mi historia, pero, por si no sabes quién está detrás de estas páginas, prefiero presentarme. Como te decía, mi ansiedad surgió de la nada, en un día ordinario durante una clase del instituto, como un mareo repentino que te desestabiliza sin previo aviso. En mis monólogos teatrales me gusta describirlo como mi primer viaje a la Luna. Sí, no es precisamente un paseo agradable. De hecho, es un verdadero fastidio y se experimenta de forma bastante similar a flotar en la Luna sin tener un mapa.

Transcurrieron algunos años y, tras una visita al médico que acabó con el diagnóstico de un supuesto virus estomacal, guardé silencio sobre mi ansiedad. ¿Por qué? Realmente no lo sé. Supongo que, como el adolescente lleno de expectativas sobre las delicias de la vida adulta que era, no quería que nadie de mi círculo pensara que estaba defectuoso de fábrica. Sin duda, un pensamiento limitante y una actuación de lo más tonta, pero me perdono a mí mismo. Era joven, estaba verde y no tenía la más mínima idea de cómo funcionaba el mundo.

Por lo tanto, decidí hacer la vista gorda a mi ansiedad y convivir con mis mareos en silencio. Con el paso del tiempo, esos mareos evolucionaron, al estilo Pokémon, convirtiéndose en dolores punzantes e insomnio. Hasta que la evolución alcanzó su forma final: parálisis corporal.

Me pasé dos años en casa como un ermitaño. Los medios de comunicación aman ese titular, tiene ese toque sensacionalista que vende tanto. Pero la verdad es que las parálisis eran intermitentes, iban y venían. Y sí, es cierto que rara vez salía de casa, aunque es probable que un *youtuber* de esos que juegan a videojuegos durante ocho horas en directo salga menos de casa en su versión «sana» que yo en aquel entonces.

Como cualquier ser humano, porque los superhéroes no existen, pasé un tiempo sumergido en mi propia miseria, mostrándome vulnerable ante los demás y buscando que me cuidaran; una actitud digna del mayor de los tontos. Hasta que me cansé. Hasta que decidí tomar cartas en el asunto.

Comencé la búsqueda de un psicólogo que me ayudara. El primero no era el adecuado, el segundo era peor que el primero. Pero después de varios intentos, encontré a María, la psicóloga que me ayudó a entender que nada es tan importante. Pero eso es algo que desarrollaré más adelante.

María fue una gran ayuda, pero no era la única solución, de eso me di cuenta enseguida. Así que empecé a investigar y a estudiar sobre la ansiedad, la prevención, la alimentación adecuada, el sueño, el ejercicio y una serie de herramientas que a lo largo de los años han demostrado ser efectivas en la lucha contra la ansiedad.

De esa manera, en lugar de intentar eludir ese capítulo de mi vida, decidí hacer algo radicalmente distinto: me propuse entenderlo, aprender de él y, finalmente, superarlo, y, sin aún saberlo, empecé a aplicar un poco de «siatodismo» en ese instante de mi vida. Luego te cuento más, porque, al final, de eso va este libro.

De este modo, el núcleo del aprendizaje es: no puedes eludir las partes difíciles de la vida. No puedes ignorarlas ni evitarlas. En lugar de eso, tienes que atravesarlas, aprender y crecer a través de ellas. Yo antes pensaba que la vida era como vivir en la *sitcom* de *Friends* (y lo sigo pensando un poco, la verdad). Aunque ahora soy capaz de ver todas las partes de la serie, veo a Ross gritando en medio de la escalera con un sofá encallado: *«Pivot, pivot»*. Pero también lo veo llorando de dolor por no conseguir enamorar a Rachel al final de la temporada.

En todo el tiempo que llevo en este campo, me ha asombrado la cantidad de personas que he conocido que parecen tener la capacidad de negarse las adversidades de la vida y vivir con un piloto automático gobernado por esa manera de actuar *«bury one's head in the sand»*,* como dicen los ingleses. Esta actitud los conduce a vivir constantemente en un estado de supervivencia, con actitud autocompasiva, e intentando buscar ayuda externa en vez de buscar la solución en su interior. Porque, al final del día, no importa lo difícil que pueda parecer una situación, siempre hay una oportunidad para aprender, crecer y convertirte en una versión mejor de ti mismo. No quiero sonar como un gurú de Instagram, pero es cierto, siempre hay espacio para mejorar.

Mi travesía con la ansiedad me ha llevado a investigar sobre el tema durante una década y a compartir mis hallazgos con el mundo. He escrito cinco libros sobre la ansiedad que han leído miles de personas y he llenado teatros en todo el país compartiendo mi experiencia. En cierto punto me di cuenta de que muchas de las estrategias que había descubierto para superar la ansiedad eran las mismas que utilicé años después para sentirme una persona plena y feliz.

No te cuento todo esto para fanfarronear, sino porque a lo largo de todo ese camino personal y ayudando a los demás que realicé, me di cuenta de una cosa: es esencial vivir la vida en modo «Sí a todo», o a casi todo.

En medio de toda esta vorágine de emociones y acontecimientos que viví en mis primeros encuentros con la ansiedad, hubo un mo-

* Se podría traducir como «esconder la cabeza bajo el ala» o «meter la cabeza en un hoyo». Significa ignorar o negar la existencia de una situación que nos estresa o provoca ansiedad.

mento crucial, una revelación que lo cambió todo para mí: me di cuenta de que mi malestar se debía a mis interpretaciones sobre aquello que me sucedía. Mi pecho parecía que iba a estallar en cualquier momento cada vez que tenía que hacer un examen, pero no era por el examen en sí, al fin y al cabo es solo un trozo de papel con preguntas. Mi ansiedad se generaba por todo lo que yo pensaba que ese examen influenciaría en mi vida. Todo es relativo. Sí, las circunstancias eran reales, y mis sentimientos hacia ellas eran legítimos, pero la lente a través de la cual veía esas circunstancias se encontraba en el ámbito de mi elección. Y es que, en cierta medida, cada uno de nosotros escribe el guion de su propia película, y la interpretación que hacemos de cada escena determina cómo nos sentimos al respecto.

En esta revelación radicaba un poder impresionante: si podía cambiar mi perspectiva, podía cambiar mi experiencia. Así que me propuse hacerlo. Empecé por observar mis hábitos diarios. Eran pequeños, sutiles, pero cada uno de ellos, de alguna manera, influía en mi interpretación del mundo. Recuerdo cuando empecé a apuntar en un papel las horas que dormía, qué hacía antes de acostarme, qué comía para cenar y a qué hora lo hacía. No era consciente de todos estos aspectos cotidianos y al plasmarlos me di cuenta de todo lo que podía cambiar. Y empecé a hacerlo. Y fue así como me di cuenta de que, cambiando mis hábitos, podía cambiar mi manera de interpretar el mundo. Era una fórmula simple, pero en absoluto fácil.

El simple acto de levantarse temprano, leer durante unos minutos, o incluso elegir alimentos más saludables, alteraba mi química cerebral, mi mentalidad y, en última instancia, cómo veía las circunstancias que me rodeaban. Las mañanas ya no eran obstáculos insuperables, se convirtieron en oportunidades. Las situaciones estresantes ya no eran pronunciadas pendientes hacia arriba, sino que se convirtieron en desafíos que podía superar. Cada pequeño hábito que adoptaba reforzaba esta nueva perspectiva.

Y así, paso a paso, empecé a convertirme en una versión «súper» de mí mismo. No porque tuviera superpoderes, sino porque había descubierto el increíble poder de la interpretación y la adaptabilidad. Esta filosofía del «Sí a todo» no es solo una estrategia para afrontar la ansiedad, es una invitación a vivir plenamente, a abrazar cada momento y a transformar cada desafío en una oportunidad.

A medida que sigas leyendo, espero que encuentres las herramientas y la inspiración para embarcarte en tu propio viaje de «siatodismo», y que, al igual que yo, descubras que tienes el poder de interpretar, adaptar y, en última instancia, moldear tu propia realidad.

Al fin y al cabo, esta nueva filosofía de vida está pensada y estructurada para poder existir en plena serenidad en estos tiempos que nos ha tocado vivir, donde lo que encontramos (si nos dejamos llevar) es un mar de estímulos, prisas, ansias de más, dinero, éxito, exigencia, comparación y mucha pero que mucha gente sentando cátedra. Demasiadas olas para surfear.

Es hora de virar el barco hacia mares más serenos y reflexivos, en busca de un viaje hacia la auténtica felicidad. Pero ya abordaremos esta cuestión; de momento, prepárate para embarcarte en la filosofía del «siatodismo», que es básicamente tu GPS hacia la vida inteligente, emocionante y llena de sentido. Piensa en «Sí a todo» como una nueva manera de vivir que abraza todo lo contrario a cualquier parálisis que te hace sentir atrapado.

Este va a ser un viaje de autodescubrimiento sin clichés ni poses. ¡Sube a bordo y disfruta del recorrido más real sobre la vida!

Por cierto, déjame decirte antes de empezar que, si estás buscando un remedio mágico, este libro podría no ser lo que esperabas, pero es exactamente lo que necesitas. ¡Empecemos!

Advertencia

Lo que estás a punto de leer proviene directamente del mundo real. Aunque algunas historias puedan parecer sacadas de un cuento fantástico, te aseguro que son tan reales como tú y como yo. Cada hábito y creencia que se exploran en estas páginas han sido compartidos por numerosas personas en el vasto universo de mis redes sociales en los últimos meses. Tal vez una de esas voces sea la tuya, si es que acostumbras a navegar por esos rincones digitales junto a mí. Es curioso cómo, al sumergirte en estas páginas, podrías descubrir que compartimos más de lo que creías con los demás. Tal revelación podría llevarte a pensar que quizá no somos tan únicos. Pero, ¿sabes qué?, te invito a que lo descubras y juzgues por ti mismo.

CAPÍTULO 1

La importancia de decir sí

¡Agarra fuerte este libro porque está a punto de hacerte explotar!

¿Por qué?

Porque si has llegado hasta aquí, estás como yo hace unos años, mirando hacia el abismo chungo de algo llamado «cambio». Sí, suena aterrador y, si estás pensando que lo que te acabo de decir suena raro y no te cuadra con el título de este libro, tranquilo, no te asustes. La única conspiración que existe aquí va dirigida en contra del rollo de «cambio personal instantáneo» a lo Dragon Ball que algunos nos intentan vender.

Vivimos en un mundo plagado de *instagramers* de la autoayuda disfrazados de Harry Potter, que blanden varitas mágicas y prometen transformaciones de la noche a la mañana. Vamos, promesas que se esfuman más rápido que mi interés por el último episodio de *La isla de las tentaciones*..., y eso es decir mucho. Y un mundo también lleno de psicólogos con muy poco trabajo y lectura, enfadados con esos gurús y gritando por redes sobre lo bien que lo hacen unos y lo mal que lo hacen otros. Al final, lo mismo: gente con una actitud muy de «No» y muy poco de «Sí».

Aquí no vas a encontrar nada de eso. Olvídate de las chorradas y promesas de vida perfecta. Vamos a hablar de algo más inquietante, más real: la vida.

Así que no, no estoy aquí para vender una nueva poción mágica ni para que te transformes en una versión idealizada de ti mismo, porque eso es exactamente lo que esos «gurús» buscan que les compres. No, mi deseo es que te sumerjas en un viaje fascinante para descubrir quién eres realmente y qué puedes llegar a ser. Y luego, tú haz lo que te dé la gana, es tu vida, tú decides.

Este libro no va a ser tu kit de reparación rápida. Ni tu carpetita de fotos en el móvil llena de frases de crecimiento personal que vas posteando de vez en cuando. Si quieres eso, ve y compra uno de esos libros de autoayuda llenos de arcoíris y unicornios. Aquí, en nuestro rincón gamberro del universo del crecimiento personal, te ofrezco una sola cosa: autenticidad.

Y sí, para que podamos ser auténticos necesitaremos hacer algunos cambios, pero verás que son tan pequeños que no te van a doler nada, bueno, a lo mejor un poquito, pero ¿qué es la vida sin un poco de dolor?

Después de esto que te acabo de decir podrías gritar «¡No!», podrías cagarte en todo y cerrar el libro, estás en tu derecho. Podrías elegir volver a la seguridad de tus viejas costumbres y seguir actuando en muchas ocasiones como un verdadero autómata. Pero, vamos, tú sabes que eso sería aburrido y además te aseguro que te perderías un viaje maravilloso.

Este libro es para gente como tú, no para los débiles de corazón, es para los luchadores, los soñadores, los que están dispuestos a disfrutar de la vida y ponerle humor al asunto y que entienden que a gozar de la vida se aprende a base de golpes.

Pero... ¿qué diablos significa «Sí a todo»? Empecemos por aquí.

Abrazar la filosofía del «Sí a todo» es atreverse a ser feliz, a vivir sintiendo que no te estás perdiendo nada, que estás en el lugar que quieres y haciendo lo que realmente has venido a ofrecer.

Y sí, probablemente me dirás: «que fácil decirlo y que difícil hacerlo». No caigas en las excusas, te voy a contar la manera de conseguirlo, y es mucho más sencillo de lo que ahora puedas pensar. Vamos a trabajar qué pensamientos y qué acciones de tu día a día hacen que llegues a tener esa actitud en la vida que te impulsa a lanzarte. Qué cosas haces y piensas que te impulsan a lanzarte, a poner ese turbo, ese extra de potencia, activar ese remolino que te arrastra cuando te has quedado atrapado en la inercia de tus viejas costumbres.

Pero vamos, no voy a darte un sermón aburrido sobre productividad, gestión del tiempo y todas esas chorradas que habrás escuchado más de una vez. ¡Nah!, aquí vamos a hablar de la mínima expresión de movimiento, vamos a ver cómo ya estás haciendo un montón de cosas para tener esa actitud. Solo hace falta ajustar un poco; venga, va, y a lo mejor implementar alguna, ¿por qué no?

¿Quién quiere un manual de instrucciones cuando puede tener una especie de mapa del tesoro para la vida? El mapa para dejar de actuar en modo piloto automático y unirte al grupo filosófico del «siatodismo».

Pero antes de ponernos manos a la obra, déjame hablarte del poder del sí, porque muchas de las grandes cosas que han tenido lugar en la historia de la humanidad han sucedido porque alguien se atrevió a decir sí.

El poder del sí

Grandes personajes como Martin Luther King Jr., Marie Curie, Albert Einstein, Amelia Earhart, por mencionar algunos, dieron el «sí» a los desafíos, «sí» a los miedos, «sí» a las posibilidades de fracasar.

Martin Luther King Jr. podría haber dicho «no» a la lucha por los derechos civiles, podría haber decidido que no valía la pena arriesgar su vida, pero no lo hizo. Dijo «sí», y lo hizo con tal convicción que cambió el curso de la historia. ¿Te imaginas que hubiera dicho «no»? Probablemente seguiríamos viviendo en un mundo donde el color de la piel determina tus derechos. Menuda mierda de mundo.

Marie Curie, nuestra querida científica que rompió con todas las convenciones, también dijo «sí». «Sí» a la ciencia, «sí» a la dedicación, «sí» a los sacrificios. En una época en que las mujeres eran consideradas ciudadanos de segunda, ella demostró que las mujeres podían ser igual de capaces, igual de brillantes que los hombres. ¿Te imaginas un mundo sin sus descubrimientos? Yo no.

A Albert Einstein también le gustaba el «sí». Dijo «sí» a una nueva visión del universo, «sí» a desafiar las teorías físicas establecidas, «sí» a ser considerado un loco. Y gracias a su «sí», ahora entendemos que el tiempo y el espacio no son constantes, sino que son relativos. Bueno, entender a lo mejor es mucho decir, lo entienden aquellos que necesitamos que lo entiendan, con eso nos sobra y nos basta, la mayoría de los mortales lo integramos y nos lo creemos, punto.

Amelia Earhart, por su parte, dijo «sí» a su sueño de volar. «Sí» a desafiar las impostadas normas de género, «sí» a enfrentar los peligros de la aviación cuando se encontraba en sus inicios. ¿Y el resultado? Cambió la percepción de lo que las mujeres podían hacer. Y sí, soy consciente, te estoy oyendo decir: «todos ellos son grandes personajes de la historia, y yo no». Pero ¿acaso ellos no eran como tú antes de que sus nombres quedasen grabados en los libros de texto? Son lo que son porque se atrevieron a decir «sí», a creer en una manera de vivir «siatodista». Y es que decir «sí» es un acto revolucionario.

Decir «sí» es aceptar el desafío, abrazar las posibilidades, atreverse a soñar. Pero, atención, no nos animemos con positivismos baratos, aquí va la primera hostia de realidad, ¿listo?

El «sí» no es un pase gratuito para la felicidad. Muchas veces, el «sí» viene acompañado de dolor, de frustración, de miedo. Pero eso está bien. Porque sin esos momentos difíciles, nunca apreciaríamos los buenos. Y es justo en ese punto, cuando no estás en tu mejor momento, cuando acudes en busca de un buen libro que te aclare las cosas. Y en esa pesca de buceo, sumergido en una mesa llena de títulos, podrías encontrarte con mensajes que prometen cosas como: «La dieta definitiva (pero de verdad) para adelgazar», «El método japonés para cuadrar tus finanzas y hacerte rico antes de los treinta», «El manual de meditación trascendental para despertar tu energía kundalini». Así, a lo Marilyn bajando las escaleras como en *Los caballeros las prefieren rubias*, con fuerza y elegancia. Hay muchos o incluso demasiados libros que te prometen todo eso y más, muy en serio. En esa mesa abarrotada de volúmenes, cada título lucha por un pedacito de tu atención. Pero el libro que tienes entre las manos no necesita gritar para destacar de entre el resto. Ahí está, en silencio, emanando una promesa de comprensión y compañía. Quizá estás aquí porque has dicho ese «sí» valiente, porque has aceptado el desafío de vivir con todas sus aristas, con sus noches oscuras y sus mañanas luminosas.

No malinterpretes lo que acabo de decir. Muchos de esos libros te podrán ayudar. Siempre digo que la mayoría de las veces, una sola frase que te haga tener otra perspectiva ya vale los veinte euros del libro. De todas maneras, aunque estos objetivos suenen muy apetecibles y todos nos encontremos en algún tipo de búsqueda hacia un objetivo ideal, no son la única manera de decir «sí» a la vida. De hecho, el «sí» más potente que puedes dar es a ti mismo, a quien realmente eres y a lo que genuinamente deseas en la vida, no a lo que los demás te hagan creer que necesitas.

¿Quieres saber algo loco? La mayoría de nosotros vivimos en un ciclo perpetuo de decir «sí» a lo que creemos que se espera de nosotros. «Sí» a un trabajo que detestamos pero que está bien pagado. «Sí» a relaciones que ya no nos sirven porque no queremos estar solos. «Sí» a compromisos que no nos apasionan porque nos da miedo lo que la gente pueda pensar. Pero ese no es el verdadero poder del «sí».

El «sí» verdadero es aquel que procede de las entrañas, el que sientes cómo resuena en todo tu ser. Es el «sí» que te hace saltar de la cama por la mañana, a pesar de que fuera haga un frío que pela y lo único que te apetezca es seguir calentito bajo las sábanas. Es el «sí» que te lleva a declinar esa oferta laboral con sueldo de seis cifras porque sabes que ese trabajo no es para ti. Es el «sí» que te da fuerzas para poner fin a una relación que ya no te hace feliz.

Porque, si algo he aprendido en esta vida, es que el verdadero poder no está en tener todo lo que quieres, sino en querer todo lo que tienes.

Y eso comienza con decirte «sí» a ti mismo, a tus verdaderos deseos, a tus auténticos valores.

De modo que, mientras te sumerges en estas páginas, espero que lo hagas con una mente abierta. Espero que estés dispuesto a desafiar tus creencias, a cuestionar tus patrones y a redefinir lo que significan el éxito y la felicidad para ti. Porque, al final del día, el verdadero éxito, la verdadera felicidad, no se miden por lo que tienes, sino por lo que eres.

Ah, y por cierto, antes de que lo olvide, ¿sabes cuál es el secreto más grande del mundo de la autoayuda? Que puede que necesites un poco de ayuda, sí, pero que gran parte de lo que necesitas se encuentra dentro de ti. Solo necesitas darte permiso para descubrirlo. Y eso, queridos lectores, comienza con decir «sí». Porque cada «sí» es una afirmación a la vida, a la posibilidad y, sobre todo, a ti mismo. Y eso es más mágico que cualquier truco que hayas podido ver en redes llevado a cabo por uno de esos magos que conducen Lamborghinis y tienen el cuerpo lleno de *tattoos*. Así que ¿te atreves a decir «sí»? Porque yo, desde luego, estoy listo para acompañarte en esta aventura.

Pero espera un momento. ¿Quién soy yo para hablar de todo esto? Puede que estés pensando: «Este tío se ha sacado de la manga un libro de autoayuda y no sé ni quién diablos es». Tienes razón, aunque si no formas parte del 90 % de los lectores que se saltan las introducciones de los libros, ya conoces uno de los grandes puntos de dolor que cambió mi vida, y si eres un poco curioso (cosa que espero) habrás cotilleado un poco sobre mí y sabrás qué hago y por qué lo hago.

Así que vamos allá. Yo también he tenido mis dosis de piedras en la vida, y aquí estoy para relatarte cómo las he afrontado. En este libro te voy a contar unas cuantas experiencias que estoy seguro de que te harán reflexionar y darte cuenta de lo difícil que puede ser no vivir con una filosofía «siatodista». Y ya te advierto antes de empezar de que soy como un viejo pesado al que le encanta contar sus batallitas; de hecho, lo he convertido en una profesión. Sin embargo, antes de todo quiero plantearte en profundidad qué es vivir con una actitud de sí a todo y cómo he llegado a esa conclusión.

La conclusión a la que he llegado tras años de vivir con una actitud de «sí a todo» no es un simple adagio ni una frase para adornar paredes. Es la comprensión profunda de que la vida, con todos sus momentos de turbulencias y todos sus momentos de calma, merece ser vivida plenamente.

He descubierto que decir «sí» no siempre conduce a la felicidad inmediata, pero abre la puerta a un aprendizaje profundo, a una riqueza de experiencias que de otro modo permanecerían ocultas. He aprendido que el valor de un «sí» radica no solo en los momentos de éxito, sino también en la fortaleza que se forja en los momentos de desafío.

La filosofía del «sí a todo» no es un camino hacia la evasión de la realidad, sino todo lo contrario. Es una invitación a enfrentar la vida de cara, a abrazar tanto sus regalos como sus lecciones. Es un compromiso con uno mismo para vivir auténticamente, para no dejar que el miedo dicte nuestras elecciones.

«Sí a todo»: una manera de vivir

Para que quede claro ya desde el inicio: vive como te salga de las narices, solo faltaría. Ahora bien, si sientes que te falta algo, que vives en piloto automático y de manera poco inteligente, que no estás gozando al cien por cien, este plan que te presentaré a lo mejor te interesa. Que sepas que te habla alguien que ha pasado por ahí y se ha hundido en la mierda, pero no hasta las rodillas, no, hasta la nariz. Así que aquí va mi tesis filosófica del «Sí a todo», directamente desde mis noches de insomnio hasta tus ojos lectores.

Creo firmemente que para conseguir ser feliz hay que decir sí a todo, pero aunque te he filosofado un ratito acerca del sí, aún no te he contado qué significa eso del todo. Antes de ponerme a amasar el tema en sí, y contarte las actitudes que conviene cultivar para tener el modo «Sí a todo» activado, tengo que hablarte de tres ingredientes esenciales que te harán conseguir resultados tangibles en aquello que te propongas: **tus pensamientos, tus hábitos y tu actitud**. Estos son, según mi criterio, los tres pilares que sostienen el edificio de la felicidad y la actitud que te impulsa a alcanzar tus metas.

Déjame desglosarlo un poco. Si te paras a pensar, verás que todo esto tiene más conexiones que una parrillada de marisco. Te enfrentas a la vieja cuestión del huevo o la gallina. Lo que piensas y cómo interpretas la vida determinará tus hábitos y, a su vez, tu actitud. Digamos, por ejemplo, que estás convencido de que un físico de estrella de cine es esencial para tener éxito en este mundo. Como resultado, te encontrarás en el gimnasio más a menudo que en casa, y tu actitud será de lucha y esfuerzo en ese sentido. Pero si crees que el físico es un mero adorno, probablemente tu hábito no incluya los gimnasios y tu actitud hacia este tema sea bastante relajada. Pam, magia. ¿Vas cogiendo el hilo?

Pero aquí está la guinda del pastel, la magia también puede suceder en sentido contrario. Imagina que comienzas a ir al gimnasio no porque lo anhelas, sino porque tu médico te lo recomendó con cara de pocos amigos. Al principio irás a regañadientes, pero con el tiempo, a medida que veas los resultados, tu pensamiento sobre el ejercicio y la importancia del físico puede que cambie. Y, *voilà*, antes de que te des cuenta, tu actitud habrá dado un giro de 180 grados. Esto no es magia, no es algo que solo sea capaz de llevar a cabo Gandalf el gris, sino que cualquier ser humano lo puede conseguir.

El rollo de las conexiones neuronales, te lo cuento en «cuatro líneas»

Te voy a hablar brevemente de nuestro cerebro, esa especie de guía interior que tenemos en la cabeza. No es que yo sea un experto en el tema, ni mucho menos, hay una infinidad de cosas que sigo sin comprender sobre el funcionamiento del cerebro, pero es cierto que en el entorno de mi centro hay alguna que otra neurocientífica, y dicen que todo se pega menos la hermosura, así que voy a ver si consigo explicártelo y convencerte de que eres capaz de cambiar lo que quieras y cuando quieras.

Tu cerebro no es un santo ni mucho menos, pero hay que admitir que tiene su gracia. Eso de cambiar y reajustar nuestras formas de pensar y actuar es algo que nos hace seres excepcionales. ¿Y sabes a qué debemos este talento? A algo que los científicos llaman plasticidad neuronal.

No te imagines ahora un cerebro hecho de plástico, ni mucho menos. Estamos hablando de un elenco de 86.000 millones de neuronas, cada una más ansiosa que la otra por establecer relaciones con hasta 10.000 de sus vecinas. Es un vecindario muy movido, créeme. Cada vez que estas vecinas interactúan, envían cotilleos y rumores de un lado a otro en forma de información. Y como cualquier buen cotilleo, cuanto más se repite, más permanece en la cabeza.

Esta plasticidad neuronal es como una fiesta de baile constante, de esas que celebraban nuestros abuelos, donde los chicos a un lado de la sala sacaban a bailar a las chicas situadas en el otro extremo y donde las parejas se formaban y se disolvían al ritmo de la música. Cuando aprendes algo nuevo es como si se formara una nueva pareja de baile. Y las que ya no bailan juntas, desincronizan sus movimientos hasta que finalmente se separan, una escena un tanto dramática, lo sé. A esto se lo conoce como poda sináptica, el *naming* siempre me ha parecido fuerte, la verdad.

Un ejemplo perfecto es el de los taxistas de Londres, antes de que dejaran de conocer la ciudad y solo se fiaran de lo que les dice Google Maps. En el año 2000, Eleanor Maguire realizó una serie de escáneres cerebrales a un grupo de taxistas de Londres para ver el tamaño de un área del cerebro. Resulta que se descubrió que esos taxistas tenían el hipocampo posterior más grande que el de los otros conductores. ¡Y todo porque tenían que recordar un mapa detalladísimo de la ciudad para su trabajo! Es como si su cerebro se hubiera engordado a base de callejuelas y avenidas. A mí me flipa, la verdad.

Pero la experiencia y el aprendizaje no son los únicos que pueden arrastrar a nuestro cerebro a ese baile. Nuestro entorno, las personas con las que nos codeamos, nuestras emociones, todo puede afectar a la pista de baile neuronal. El estrés, por ejemplo, equivale a que te pongan a perrear toda la noche; eso termina por agotar a cualquier pareja. Por otro lado, actividades como el ejercicio físico y la meditación son como un vals suave y calmado que permite a los bailarines sincronizarse mejor.

Así pues, una vez sabido esto, cuando te digas eso tan precioso de «yo soy así, no puedo cambiar», que sepas que te estás mintiendo descaradamente. Porque en realidad, ahora mismo, con solo decidirlo, podrías cambiar esos tres pilares que te harán vivir en modo «Sí a todo»: tus pensamientos, tus hábitos y tu actitud.

Si tienes estos tres pilares bien dominados vas a conseguir ser feliz. ¡Guau, qué fuerte suena eso! La felicidad es muy subjetiva, pero te aseguro que, a tu manera y con tu propio estilo, vas a sentirte genial, no tengo ninguna duda.

Lo de la felicidad y el éxito. Perdón, pero tenía que pasar por aquí

La felicidad es un concepto muy tuyo y mío y de aquel de allí. Cada uno la vive y la interpreta a su manera, como todo al final. Pero lo cierto es que nos toca tan adentro como humanos que quiero aclarar cuatro cosas antes de ponernos manos a la obra.

Para mí, la felicidad es como el tesoro de un pirata. Todos lo buscan incansablemente, pero parece estar siempre fuera del alcance. Al igual que ese codiciado botín, la felicidad es evasiva, altamente subjetiva y, en ocasiones, parece estar escondida en una isla remota inaccesible para la mayoría.

Es en ese momento de vacío cuando en un intento loco de ponerlo todo en un Excel recurrimos a la ciencia, buscando respuestas en la sopa de letras química de nuestro cerebro. Hablamos de serotonina, de dopamina, de endorfinas y de oxitocina como si fueran los nuevos Beatles. «Por fin lo hemos encontrado —nos decimos—, estos son los chicos del club de la felicidad», y así nos quedamos tranquilos. Pero, aunque eso es fascinante y demuestra que nuestro cuerpo tiene todo un equipo de *rockstars* químicos listo para darnos una sensación de bienestar, aún deja algunas preguntas en el aire.

Giremos un poco la cabeza y miremos a los filósofos más clásicos, esos sabios de otros tiempos que han pasado siglos masticando y remasticando la cuestión de la felicidad. Aristóteles, por ejemplo, decía que la felicidad es el fin último de la existencia humana. Zhuangzi probablemente diría algo como: «Eh, la felicidad es simplemente fluir con la vida». Agradable, pero ¿qué significa eso?

En este punto es donde me inclino hacia mi experiencia personal. Después de pasar una década y dos años estudiando estas cuestiones, tengo una teoría, algo totalmente empírico que me ha ayudado (y lo sigue haciendo) a sentir que soy feliz. Suena naíf, es posible, pero me siento así, siento que me curro la felicidad todos los días y creo que es algo que puede hacer cualquiera que tenga un poco de ganas de vivir. A ese modo de vida lo he llamado «Sí a todo».

Sí, lo sé. Es la filosofía de Jim Carrey en esa maravillosa comedia de la década de los 2000 donde tiene que decir sí y no puede decir no. Pero no, «Sí a todo» no significa decir sí en el sentido literal. No se trata de aceptar cada oferta de crédito por teléfono ni de adoptar a todos los gatos del vecindario. De ahí el «casi» del título de la portada. Se trata de aceptar las experiencias de la vida tal como son, en lugar de como nos gustaría que fueran.

En lugar de buscar la felicidad como si fuera un tique dorado dentro de una chocolatina, ¿qué tal si aceptamos la vida con un gran y sonoro SÍ? Porque, aunque no te guste, la vida no es un café en el Central Perk todos los días. Pero incluso en medio del caos y las lágrimas, la felicidad puede encontrarse, si tan solo le das la bienvenida a la vida tal y como es.

Dicho esto, hablemos del éxito. Sí, esa palabra que parece que nos persigue. Si la felicidad es el tesoro de un pirata, el éxito es el mapa codificado que nunca deja claro dónde está la X que marca el lugar donde se encuentra el tesoro. Todos lo quieren, pero ¿qué es realmente? ¿Es una mansión? ¿Un coche lujoso? ¿Un título universitario colgado en la pared? Bueno, para algunos, sí. Pero la verdadera belleza del éxito es que no tiene una definición única y estandarizada. Es un cuadro pintado con colores tan personales como tus huellas dactilares.

Hemos visto el éxito en revistas, en Instagram, donde gente «exitosa» luce sus logros como si fueran medallas olímpicas. Pero, al igual que con la felicidad, nos atascamos al pensar que el éxito es una receta específica con ingredientes concretos.

El viejo Confucio probablemente te hubiera dicho algo así: «El éxito es simple. Hacer lo que amas y amar lo que haces». La verdad es que eso a mí siempre me ha sonado un poco..., no sé..., vago, ¿no? Es como decir: «¡simplemente sé exitoso!», y esperar a que la magia ocurra, y es totalmente cierto si le ponemos una intención y esfuerzo detrás. El éxito no se mide por el reconocimiento, la fama o la riqueza, sino por la capacidad de levantarte cada día con propósito, con el deseo de mejorar y, sobre todo, con la capacidad de reírte de ti mismo y de tus errores, añadiría. En ese sentido, es completamente compatible con mi filosofía «siatodista».

Si consideras el éxito como la capacidad de decir «sí» a las lecciones, a los errores, a las oportunidades y a las desventuras con la misma valentía y gracia, te prometo que ya estás más cerca de lo que piensas de tenerlo. Porque el éxito no es un destino, es un viaje. Y ese viaje comienza cuando dejas de medir el éxito por lo que tienes y empiezas a valorarlo por lo que eres.

Ingredientes principales para cocinar un «Sí a todo» a lo bestia

Voy a intentar desenmarañar la rueda de la que te hablé hace unas líneas, la que componen los pensamientos o creencias, los hábitos y las acciones, y te contaré cuáles son necesarios para abrazar el modo de vida «Sí a todo». Vale, presta atención, que lo que viene ahora es importante. Que no sea una de esas partes en los libros que mientras la leemos estamos pensando en lo que haremos para cenar. Te he advertido. Si luego no pillas esto, tendrás que volver atrás y releerlo así que... atento que aquí va eso:

La filosofía «siatodista» se sostiene sobre tres pilares que la aguantan con fuerza y serenidad: apostar, sudar y amar. Estas tres actitudes están moldeadas por varios pensamientos, como, por ejemplo: ser curioso, poner conciencia o aprender a soltar. Es decir, según lo que pienses, podrás adoptar estas actitudes o no. Y cada uno de esos pensamientos están, a su vez, formados por hábitos, como por ejemplo escuchar música, ver películas o cocinar. Porque, dependiendo de todas esas cosas que haces todos los días de manera automática, tus pensamientos serán unos u otros y tus actitudes ante la vida variarán. ¿Me sigues?

Vamos a desglosar esas tres actitudes que forman la filosofía del «Sí a todo» y después ya pondremos la atención en las creencias y los hábitos. Vamos a por ello.

PRIMERA ACTITUD: APOSTAR

El miedo, el molesto invitado que se apodera de la butaca de honor en el cine de nuestra mente, con sus palomitas de duda y su refresco de inseguridad. Un artista, un maestro del disfraz que se hace pasar por el tipo sensato, cuando en realidad no es más que un maldito embustero. La razón principal por la que no decidimos apostar.

Vamos a poner esto en perspectiva, y hagámoslo, ya que me ha dado por el cine, con una buena película. Imagina una gran escena de *Ocean's Eleven*. Te sientes como Brad Pitt antes del gran golpe, preguntándote si todo va a salir bien, si has elegido el traje correcto o si George Clooney realmente tiene un plan. Tus miedos, esos boicoteadores de atrevimiento interpretados por un muy persuasivo Andy García, te susurran al oído: «Estás loco, esto va a acabar mal».

Y en ese instante en el que decides si te lanzas o no es cuando interviene la voz de la experiencia. Y resuena en tu cabeza esa frase que suena a sentencia final de película de indios y vaqueros (que decía mi abuelo): «Es mejor pedir perdón que permiso».

Este es un lema de los que apostamos al sí, como si fuéramos ladrones de guante blanco. Es la filosofía de vida de los valientes, de los que no esperamos a que alguien nos dé permiso para hacer lo que nos da la real gana. Y ojo, no hace falta hacer daño a nadie ni molestar a los demás para hacer esto con clase y elegancia, recuerda que no somos matones del montón, somos de guante blanco.

Entonces, ¿qué vas a hacer? ¿Vas a quedarte sentado esperando a que Andy García te dé su bendición, o vas a seguir adelante con tu plan, sin importar las consecuencias? ¿No sería más liberador, más emocionante, simplemente actuar?

Aunque ya sé... es muy probable que no te atrevas, yo no me atreví durante tantísimos años... Cuando te quedas congelado como un helado de limón en pleno enero te transformas en un espectador, en uno más del montón, en un extra en la película de tu propia vida. Pasas de ser Brad Pitt a ser el tipo que sirve las bebidas en el bar. Yo no quiero ser el barman, no sé tú. Quiero ser el protagonista, quiero sentir la adrenalina, quiero arriesgar.

Aquí entra la otra frase que me inspira más que la banda sonora de *Rocky*: «El no ya lo tienes, ve a por el sí». Ya tienes el no, está en tu bolsillo, junto a tus fichas de póker. ¿Por qué no apostar por el sí? Por qué no ser un poco más Danny Ocean y un poco menos..., bueno, ¿un cobarde?

Obviamente, no estoy sugiriendo que te tires de un avión sin paracaídas, pero ¿por qué no considerar saltar si ves que todo está en orden? Afrontar tus miedos, retar a tus dudas, eso es apostar. Y la vida, al fin y al cabo, es una partida de póker con una baraja que no puedes controlar. ¿Vas a pasar, a retirarte, o vas a apostar?

Así que aquí va la primera actitud para abrazar el «siatodismo». Saca tu mejor traje, deja tus miedos en el maletero del coche y juega sin miedo a perder en la mesa de póker de la vida. Porque lo peor que puede pasar es que pierdas una mano. Y lo mejor es que podrías ganar lo que te diera la gana.

Apuesta, apuesta por ti mismo. Porque si no lo haces tú, ¿quién va a hacerlo? Al final, lo más trágico sería pasar la vida sin nunca apostar por uno mismo. Y tú no quieres eso, ¿verdad? Entonces, ¡hazlo! Conviértete en tu propio Danny Ocean.

Vale, lo sé, vaya tono, Ferran..., pero necesito tenerte a tope porque sé que eso cuesta un montón, yo me lo trabajo cada día y aun así hay días que me echo para atrás y me doy cuenta luego. Porque todos tenemos miedo, y el que diga que no, miente.

Todos albergamos miedos que, con demasiada frecuencia, son construidos internamente y cultivados por nuestras propias inseguridades. Nos han inculcado una cultura del temor a lo desconocido, al fracaso, a lo que no podemos controlar. Esta no es una acusación dirigida a una sociedad manipuladora, es simplemente una revelación de cómo nuestras mentes pueden ser nuestras propias enemigas.

Nuestros miedos nos impiden avanzar, nos mantienen en una zona de confort aparentemente segura pero limitada. Nos reducen a espectadores pasivos en la narrativa de nuestras propias vidas. Nos mantienen silenciosos, sumisos y, sobre todo, en un constante estado de autorregulación y restricción.

Sí, los miedos nos atrapan, nos hacen dudar de nuestras propias capacidades, nos mantienen inmóviles. Una persona atemorizada no asume riesgos, un individuo con miedo no se atreve a explorar nuevas posibilidades, un humano inseguro no cambia su situación.

Pero aquí es donde entra nuestra elección de afrontar el miedo, desafiarlo y destruirlo. Porque cuando te atreves a hacer lo que anhelas, cuando te liberas de las cadenas del miedo, te conviertes en una amenaza para tus propios temores y limitaciones. Te conviertes en un inconformista, un rebelde, un innovador.

Desde que era pequeño me encantaba escribir. Soñaba con historias, aventuras y personajes que deseaba compartir con el mundo. Sin embargo, el miedo a la crítica y al rechazo siempre me frenó. ¿Qué pasaría si no era lo suficientemente bueno? ¿Y si nadie se interesaba por lo que deseaba decir?

Cada día, a la hora de entrar en mi universidad, veía al portero, para mí en ese instante solo el señor Juan Carlos, alguien a quien saludar sin prestar demasiada atención. Hasta que un día empecé a fijarme en él. Era un hombre de edad avanzada que siempre estaba escribiendo en su cuaderno. Lo hacía con tanta dedicación y pasión que, con el tiempo, mi curiosidad superó mi timidez. Un día me armé de valor y me acerqué a preguntarle sobre lo que escribía.

«Historias —me respondió con una sonrisa—, relatos que nunca tuve el valor de compartir cuando era más joven».

Su respuesta me resonó profundamente. ¿Acaso yo también terminaría así, con un cuaderno lleno de historias no contadas por temor al qué dirán?

Le conté sobre mi amor por la escritura y mis miedos, que me detenían. Él, mirándome con ojos sabios, dijo: «El miedo es solo un guardián, un portero en la entrada de tus sueños, justo como yo lo soy para esta universidad. Si nunca intentas cruzar esa puerta por miedo al portero, nunca sabrás lo que te espera al otro lado».

A partir de ese momento decidí apostar por mí mismo. Comencé a escribir sin restricciones, por el simple placer de hacerlo y para liberar todas esas historias atrapadas en mi interior. Y sí, afronté críticas y rechazos, pero también logré reconocimientos y satisfacciones personales. Aprendí que el fracaso real no está en intentarlo y caer, sino en no intentarlo en absoluto.

Mi vida cambió por completo. Años más tarde, mis historias fueron publicadas y, aunque no me convertí en un escritor famoso, sí me convertí en alguien que superó sus miedos y siguió sus pasiones.

Así que si alguna vez te sientes paralizado por tus propios temores, piensa en Juan Carlos. Recuerda que, a veces, la inspiración y el coraje pueden encontrarse en los lugares más insospechados.

El filósofo francés Montaigne dijo: «Valiente es aquel que no tiene miedo sino de tenerlo». Así que te animo a atreverte, a luchar, a convertirte en esa amenaza para tus propios miedos. No para sembrar el caos en tu vida, sino para demostrar que no estás dispuesto a ser controlado por tus miedos internos, sean los que sean.

Elige apostar por ti, por tu libertad, por tu felicidad. Esa es la primera gran actitud del «Sí a todo». Y en nada, no te preocupes, veremos hábitos y pensamientos que te llevarán directo a tener esta nueva actitud, pero antes necesito que tomes esta decisión, la decisión de poder mirar el miedo a la cara y comprender que detrás de este está todo lo bueno que te sucederá en esta vida.

SEGUNDA ACTITUD: SUDAR

¿He conseguido llamar tu atención? Espero que sí. Y que sigas aquí conmigo, porque apenas hemos empezado a trabajar. Hay que aprender a sudar. Se puede sudar de dos formas básicamente, vamos a por la primera: aprender a «sudar» un poco más de todo.

Hay un arte perdido en nuestra sociedad moderna, un arte tan sutil como la sonrisa de la Mona Lisa y tan poderoso como un gruñido de Beethoven, el perro de los años noventa, no el genio. Es el arte de darse cuenta de que nada es tan importante.

Vivimos nuestras vidas atrapados en una rutina obsesiva llena de dramas y presiones, pendientes de deberes y responsabilidades. Nos levantamos cada mañana y nos sumergimos en un mar de importancias: emails importantes, citas importantes, tareas importantes, conversaciones importantes. Nos aferramos a cada uno de estos asuntos como si nuestras vidas dependieran de ellos. Y en medio de todo ese caos, olvidamos respirar.

En algún momento de esta frenética carrera, nos olvidamos de algo esencial: nada es tan importante. No me malinterpretes, no estoy diciendo que nuestras vidas sean intrascendentes. Estoy hablando de la capacidad de poner las cosas en perspectiva, de no caer en la trampa de la urgencia perpetua, de no dejarse arrastrar por la corriente del estrés.

Todas esas tareas pendientes, esos emails sin responder, esas conversaciones tensas, esos dilemas existenciales... Al final, todo se reduce a polvo. Si pudiéramos elevarnos por encima de todo esto, si pudiéramos observar nuestras vidas desde la perspectiva de un águila o desde la eternidad del universo, nos daríamos cuenta de que todo eso que nos parece tan crucial, en realidad, no lo es tanto.

¿Acaso recuerdas lo que te preocupaba hace cinco años? Probablemente no. ¿Y hace diez años? Aún menos probable. Y eso es porque, con el tiempo, las cosas que parecían vitales e imprescindibles se desvanecen. Desaparecen en el vórtice del olvido, demostrándonos una y otra vez que nada es tan importante.

Por eso, la próxima vez que te sientas agobiado por la magnitud de tus problemas, por la gravedad de tus dilemas, recuerda esto: nada es tan importante. Ningún error es definitivo, ninguna decisión es irreversible, ningún fracaso es el fin del mundo.

Hay una frase en latín que has visto en muchos posts en redes sociales y que tiene su origen en los estoicos: *Memento mori*, recuerda que vas a morir. Y ese recordatorio, que es un poco *creepy* si lo pones en un post-it en la nevera, no es para sumirte en la tristeza, sino para liberarte de la opresión de la importancia. Para recordarte que, al final de todo, somos polvo de estrellas en un universo infinito, y nada de lo que hacemos o dejamos de hacer cambiará eso.

Así que respira, relájate y sonríe. Y empieza a aplicar el arte de sudar un poco de todo.

Y dicho esto, déjame que saque al Ferran juguetón y use ese doble significado de sudar a mi favor. Porque para poder abrazar el «siatodismo» como tu nueva manera de vivir necesitas sudar y mucho, pero de forma literal. Esa es la segunda manera de sudar. Porque existe una creencia perniciosa que se ha infiltrado en nuestro pensamiento contemporáneo: la idea de que se puede alcanzar el éxito sin esfuerzo, sin lucha, sin caídas y levantamientos. Pero permíteme que te haga un *spoiler*: eso es una fantasía. Una fantasía tan irreal como un unicornio rosado bailando salsa en mitad del desierto.

Para obtener resultados significativos en cualquier aspecto de la vida, tienes que sudar la camiseta, tienes que luchar, caerte y volver a levantarte. Nadie ha conseguido nada digno de mención tumbado en un sofá, con una bolsa de patatas fritas en una mano y el mando a distancia en la otra.

Sí, claro, puedes señalar a esos *youtubers* que parecen vivir la vida de ensueño desde sus sillas de oficina ergonómicas. Pero déjame decirte que su éxito no llegó de la noche a la mañana. No es oro todo lo que reluce. Muchos de ellos trabajan innumerables horas, sacrifican su tiempo libre, su descanso, incluso su salud en muchos casos, para generar contenido que atraiga a millones de personas.

Y sí, pueden estar haciendo dinero ahora, pero ¿a qué precio? ¿A costa de qué? No es un camino fácil. Es un camino que lleva a desvelos, a estrés, a la incertidumbre. Y si no, solo espera y observa. El tiempo tiene la peculiar costumbre de poner todo en su lugar.

El esfuerzo, la perseverancia, la dedicación, la resiliencia: estas son las verdaderas monedas de cambio en el camino hacia el éxito. Si quieres conseguir algo que valga la pena, prepárate para sudarlo. No hay atajos, no hay trucos, no hay secretos mágicos.

El trabajo duro no es sexi, no es glamuroso, no es algo que la gente quiera escuchar. Pero es la verdad, la cruda, dura e incómoda verdad. Y una vez que aceptas eso, una vez que te comprometes con la idea de que el éxito requiere esfuerzo, entonces estás en el camino correcto.

El camino hacia el éxito está lleno de sudor, lágrimas y obstáculos. Pero te prometo que al final, cuando vayas llegando y cumpliendo tus objetivos y mires hacia atrás, te darás cuenta de que valió la pena cada gota de sudor, cada lágrima derramada, cada caída y cada vez que te hayas levantado.

Para ser sinceros tengo que contarte que la idea para este capítulo de doble sentido me la dio hace ya unos años Joaquín una vez que me apunté a boxeo.

¿Por qué me apunté a boxeo? Realmente no lo sé. Hay gente a la que le encanta eso de soltar y recibir puñetazos. Personalmente, siempre me pareció una locura pegarse con otra persona. Pero, por razones que aún no logro entender del todo, ahí estaba yo, con guantes y todo. Y en ese peculiar ambiente, conocí a Joaquín.

Joaquín era un veterano del ring. Su rostro mostraba las marcas de innumerables combates, y siempre parecía estar cubierto de una fina capa de sudor, fruto de su rutina de entrenamiento inquebrantable. (Visto así suena un poco asqueroso, pero es un señor bastante entrañable.) Aunque ya no peleaba profesionalmente, su pasión por el boxeo era palpable. En nuestras pausas solía compartir historias y lecciones del ring que, sorprendentemente, resultaban aplicables a la vida diaria.

Un día, tras una intensa sesión de *sparring*, Joaquín y yo nos sentamos a recuperar el aliento. Mirando a lo lejos, con una mirada melancólica, me confesó que el boxeo le había enseñado a «sudar» de dos formas, y de aquí el aprendizaje.

Primero, por supuesto, estaba el sudor físico, esa transpiración evidente después de un *round* intenso. Pero había un segundo tipo de sudor, más sutil y profundo: aprender a discernir entre lo que realmente vale la pena y lo que no en la vida.

Me contó que, en su juventud, cada pelea parecía ser la más importante, cada golpe recibido, un desastre. Sin embargo, con el tiempo aprendió a ver más allá de los golpes y las derrotas, a poner las cosas en perspectiva. Aprendió que las verdaderas batallas no están en el ring, sino en cómo afrontamos los desafíos diarios y nuestras propias inseguridades.

Habló sobre la urgencia de entender que, al final del día, somos efímeros en el gran esquema del universo. Que debemos aprender a dar lo mejor de nosotros, a sudar en cada esfuerzo, pero también a reconocer qué es realmente importante y qué no lo es.

Aunque asistí a clases de boxeo como mucho dos meses de mi vida, las lecciones de Joaquín se quedaron conmigo mucho más tiempo. Me recordaron que la vida es un balance, un constante aprendizaje sobre cuándo esforzarse al máximo y cuándo soltar, sobre cómo encontrar valor en los desafíos y también en los momentos de descanso. Aprendí que el éxito no solo se mide por cuánto sudas, sino también por cómo eliges dónde y cuándo hacerlo.

TERCERA ACTITUD: AMAR

Vivimos en un mundo obsesionado con el amor romántico, en el que nos enseñan a buscar la felicidad en otros. Pero hay un tipo de amor que a menudo pasa desapercibido y subestimado, y es quizá el más importante de todos: el amor incondicional hacia uno mismo. Y sí, sé que esto puede sonar un poco cursi, pero aguanta conmigo un segundo.

Amarse a uno mismo no es un acto de narcisismo. No se trata de mirarse al espejo y decir: «Dios mío, estoy buenísimo». No. El amor propio es una relación sincera y profunda contigo mismo. Es el reconocimiento de tu valor, de tu valía, de tu particularidad. Es ser consciente de tus defectos y tus virtudes, y aceptarte tal y como eres, con todas tus imperfecciones.

Al cultivar el amor propio, te conviertes en tu propio salvavidas. Cuando te amas a ti mismo, te das el permiso de fallar, de equivocarte, de ser imperfecto. Y este permiso te libera de la constante presión de la perfección y de las expectativas externas.

Pero ¿cómo se relaciona esto con la felicidad?, te preguntarás. Bueno, el amor propio es la base sobre la que se construye la verdadera felicidad. Cuando te amas a ti mismo, la felicidad deja de ser algo que buscas en el exterior y se convierte en un estado interno. No dependes de nadie más para ser feliz, porque te das cuenta de que la felicidad siempre ha estado dentro de ti.

Además, el amor propio te permite disfrutar de la vida con una profundidad y una intensidad increíbles. Te permite ver las dificultades no como obstáculos insuperables, sino como oportunidades para aprender y crecer. Porque sabes que, pase lo que pase, tienes el amor y el apoyo más importantes de todos: el tuyo.

El amor incondicional hacia uno mismo es el superpoder que todos albergamos dentro. Así que, la próxima vez que te mires al espejo, en lugar de buscar defectos o imperfecciones, trata de ver la persona increíble que eres. Y recuerda: eres digno de amor, de felicidad, de todo lo bueno que la vida tiene para ofrecer. Y eso empieza con amarte a ti mismo.

Hay una cosa que posiblemente no sabes de mí, me encanta escuchar historias, y si son bonitas historias de amor, ya ni te cuento. Así que me presto muchas veces a callar y escuchar a gente a la que le apetece contarme sus cosas. Un día una buena amiga me contó una historia de amor muy bonita que creo que ilustra este tema a la perfección.

En una pequeña ciudad costera vivía Clara, una mujer joven con ojos brillantes y una sonrisa que iluminaba cualquier habitación. Aunque había experimentado varios romances a lo largo de su vida, nunca encontró ese amor que hiciera que su corazón se saltara un latido.

Los habitantes de la ciudad solían reunirse en la plaza central, donde músicos y poetas compartían sus talentos. Una tarde, mientras Clara paseaba por la plaza, escuchó a un joven poeta recitar versos sobre el amor propio. Aquellas palabras resonaron en su interior y, aunque al principio las escuchó con escepticismo, algo en su corazón comenzó a cambiar.

Después de la presentación, Clara se acercó al joven poeta, Álvaro. Ambos comenzaron a charlar sobre el significado del amor propio y cómo, en un mundo tan enfocado en el amor romántico, muchas personas olvidan la importancia de amarse a sí mismas.

Álvaro había pasado por un proceso similar. Tras una ruptura dolorosa, había caído en una espiral de autodesprecio y tristeza. Sin embargo, un viaje solitario lo llevó a la reflexión y al descubrimiento de que su felicidad no debería depender de nadie más que de él mismo. Al regresar, decidió convertirse en poeta y compartir su mensaje con el mundo.

Inspirada por su historia, Clara decidió embarcarse en un viaje de autodescubrimiento. Empezó por pequeños actos: meditación, escribir en su diario, tomar clases de pintura y dedicar tiempo a cuidarse a sí misma. Y mientras más se amaba, más brillante se volvía su sonrisa y más fuerte su confianza.

Con el tiempo, Clara y Álvaro desarrollaron un profundo vínculo, pero nada que ver con el típico amor romántico al que la gente está acostumbrada. Se amaban como amigos, como almas gemelas en un viaje espiritual. Juntos, crearon talleres y sesiones de poesía dedicados al amor propio, inspirando a muchos en la ciudad a embarcarse en sus propios viajes de autoamor.

La historia de Clara y Álvaro es un poco *hippy*, lo sé, pero nos va de perlas para recordar que antes de buscar el amor en otros, primero debemos encontrarlo en nosotros mismos. Y una vez que lo hagamos, todo lo demás encajará en su lugar. Porque, al final del día, somos dignos de amor, de felicidad y de todo lo bueno que la vida tiene para ofrecer, y todo comienza con amarnos a nosotros mismos.

Estas son las tres ideas que me han llevado a poner en práctica un perpetuo «sí a todo» en mi vida. Y ahora que ya conoces mi punto de vista, te voy a explicar cómo puedes adoptarlo tú también. Porque tener esta mentalidad constante te permitirá alcanzar tus objetivos y disfrutar del proceso. Y este último detalle es realmente importante.

Por supuesto, hay gente que logra cosas impresionantes sin este enfoque, pero ¿son felices? En los últimos años he conocido a personas que elevaron sus empresas o sus cargos a altos niveles de éxito, acumularon grandes cantidades de dinero y reconocimiento, pero no se sentían felices. ¿Cómo lo sé? Son clientes que acuden a mí buscando un enfoque diferente, uno que les aporte más serenidad.

Por lo tanto, vamos a aprender cómo lograr nuestros objetivos y ser felices al mismo tiempo. Pero ten en cuenta que esto podría significar tener que hacer sacrificios. Tal vez al final decidas no comprar ese teléfono de última generación que tanto te gusta.

Para lograr nuestro objetivo, tenemos que comenzar desde lo más básico, y eso son los hábitos. Aunque este libro no va de eso, o, bueno, un poco sí. En realidad va del ADN que hay dentro de cada hábito. Pero antes de abrir ese melón que espero que te cambie la vida como hizo conmigo, te tengo que hablar de qué es un hábito y cómo funciona. Y ahora puedo hacer eso de los libros de elige tu propia aventura: «si ya conoces toda esta teoría, ve a la página tal». Pues eso, si crees que ya lo sabes todo sobre los hábitos y no tienes nada que aprender ve directamente al apartado que he titulado «Y ahora sí, empecemos». Si te queda un rinconcito para aprender algo más sigue leyendo, te resumo el tema muy rapidito, te lo aseguro.

CAPÍTULO 2

Lo de los hábitos que todos sabemos ya, ¿o no?

Algunas veces la vida te plantea desafíos inesperados. Y otras veces tus responsabilidades profesionales te exigen que explores un nuevo campo de conocimiento. Eso es lo que ocurrió cuando me propuse hablar brevemente en este nuevo libro sobre los hábitos, un tema fascinante y complejo que todos, en mayor o menor medida, enfrentamos en nuestra vida cotidiana.

Hay una gran cantidad de literatura en este campo, escrita por autores ilustres que han aportado valiosos hallazgos e ideas. James Clear, por ejemplo, ha escrito de forma magistral sobre este tema en su aclamado libro *Hábitos atómicos*, un compendio de estrategias científicamente probadas para crear buenos hábitos y romper con los malos. La obra de Clear es una guía esencial que proporciona una visión clara de cómo los hábitos atómicos (pequeños pero poderosos) pueden llevar a grandes cambios.

Charles Duhigg, en su libro *El poder de los hábitos*, explora la ciencia que hay detrás de la razón por la que hacemos lo que hacemos en la vida y en los negocios. Duhigg nos ayuda a entender cómo funcionan los hábitos y cómo cambiarlos, proporcionando ejemplos reales y estudios de casos que ilustran su teoría.

Por último, pero no menos importante, Robin Sharma, en su libro *El club de las 5 de la mañana*, nos muestra cómo los hábitos influyen en nuestra vida personal y profesional. A través de una narración cautivadora, Sharma presenta conceptos y técnicas de autodesarrollo que nos animan a adoptar hábitos más saludables y productivos.

Así que, a pesar de que estos autores han establecido un alto estándar, me he propuesto contribuir a este campo con mis propias reflexiones e ideas. Espero estar a la altura, vamos a por ello.

Los hábitos son esos patrones de comportamiento que nos hacen repetir acciones una y otra vez, incluso cuando sabemos que son nocivas para nosotros. Es como comerse la última porción de pizza sabiendo que luego te sentirás culpable. O comprar ese par de zapatos que sabes que no necesitas, pero que por alguna razón inexplicable te hacen sentir como Beyoncé en una noche de premios. Son como ese extraño pariente que tienes que invitar a todas las reuniones familiares, incluso sabiendo que probablemente acabará haciendo el ridículo. Pero, aun así, los necesitamos, los queremos. Porque al final del día son esos hábitos, esos patrones repetitivos de comportamiento, los que nos definen, los que nos hacen ser quienes somos.

¿Por qué importa todo esto? Bueno, te lo diré, incluso si ya lo sabes: los hábitos son como pequeñas luces en el camino oscuro que llamamos vida. Nos guían, nos muestran el camino, incluso cuando estamos ciegos por la confusión y la duda. Y si esos hábitos además son saludables, entonces es como tener un GPS de alta tecnología en vez de un viejo mapa de carreteras arrugado.

Pero antes de que te emociones y salgas a correr desnudo por la calle gritando «¡Voy a cambiar todos mis hábitos!», déjame decirte algo: no es fácil. No, ni siquiera un poco. Es como tratar de enseñarle a un gato a hacer piruetas. Pero no te preocupes, estoy aquí para ayudarte a evitar los obstáculos y a atravesar este difícil laberinto. Y te lo prometo: no voy a llenarte de jerga científica y palabras complicadas.

Así que vamos al lío. Para empezar te daré el paso a paso en forma de mandamientos; luego, si tú ves que te cuadran, los usas a tu gusto.

Los cinco mandamientos para crear un hábito saludable

Este cuento que te voy a narrar se basa en la idea de que los hábitos son como los cimientos de nuestra búsqueda de la felicidad. Y enlaza con la afirmación de Epicteto «la felicidad se encuentra dentro de nosotros, no en las circunstancias externas». Pero ¿cómo demonios llevas esta idea a la práctica? Te pondré un ejemplo: podrías adoptar el hábito de abrazar más a tus seres queridos, o en general a quien te dé la gana, en lugar de comprar chucherías inútiles para demostrarte a ti mismo lo feliz que eres.

Pero ten en cuenta algo: vas a necesitar los hábitos no saludables para entender qué narices estás haciendo mal y los saludables para integrarlos y poderlos cambiar. De momento, sin más preámbulos, te presento a continuación los mandamientos que deberás comprender si quieres poder contarle a tu cuñado cómo empezar a aplicar nuevos hábitos en la próxima cena de Navidad.

Primer mandamiento

Tienes que empezar poco a poco. Es mucho más sencillo si engañas a tu cerebro para que piense que lo que está a punto de hacer es pan comido. Digamos que quieres hacer del gimnasio tu segunda casa. El truco es que comiences la primera semana simplemente yendo al gimnasio. Eso es, solo ir. No necesitas hacer nada más que presentarte, presionar un par de botones en la cinta de correr y luego marcharte a casa. Después de un par de semanas, te sentirás ridículo solo por ir y no hacer nada, y querrás empezar a ejercitarte.

Segundo mandamiento

Para ayudar a que este nuevo hábito resulte más sencillo, vincúlalo a uno que ya exista en tu vida. Si planeas ir al gimnasio a las siete de la mañana y ya tienes el hábito de tomar una taza de café al despertar, haz que tu salida al gimnasio sea lo siguiente en tu rutina después del café.

Tercer mandamiento

Mantén siempre el mismo lugar. El hábito que estás creando debe realizarse siempre en el mismo sitio. No cambies de ejercicio cada día, sé como un loro y repite lo mismo una y otra vez.

Cuarto mandamiento

Prepárate para los contratiempos. Asegúrate de tener un plan B en caso de que no puedas seguir tu rutina habitual. Crea una pequeña rutina de ejercicios en casa para esos días en que, por alguna razón, no puedas ir al gimnasio.

Quinto mandamiento

Date un premio. Tienes que hacerle entender a tu cerebro que ese nuevo hábito tiene recompensas inmediatas. Inventa un premio que te motive, pero, recuerda, nada de premios sin haber hecho el esfuerzo previo.

Este es el abecé de la creación de hábitos en un párrafo, no hay más. ¿Y para qué narices necesitas estos hábitos? No para estar más delgado, saludable o atractivo. Los quieres para crear un cambio de actitud y poder llegar a activar el modo «Sí a todo». Porque, te lo recuerdo, estos pequeños hábitos te llevan a cambiar tus pensamientos y la nueva manera de pensar te lleva a crear nuevas acciones.

Y AHORA SÍ, EMPECEMOS

Bueno, ahora que hemos hecho un recorrido por el fascinante mundo de los hábitos, lo que voy a hacer es, básicamente, dejar de hablar de ellos. Extraño, lo sé. Pero en lugar de esos hábitos regulares a los que inevitablemente no podemos dejar de prestar atención del todo, vamos a enfocarnos en la parte más diminuta, la más elemental, el ADN de cada una de esas acciones que hacemos todos los días. Ese ADN está formado por pensamientos y a mí me gusta llamarlo ácido desoxihabitonucleico, o ADH. Esta palabrota que te ha costado leer a la primera se divide en las siguientes partes:

- «Ácido»: los hábitos pueden tener un efecto corrosivo o constructivo, dependiendo de su naturaleza.
- «Desoxi» significa «sin oxígeno», pero en este contexto me gusta interpretarlo metafóricamente como la idea de que los hábitos pueden funcionar de manera automática, sin la necesidad de un aporte «respiratorio» constante de la conciencia.
- «Hábito» se refiere sin más a los hábitos que estamos considerando.
- «Nucleico» encontré un paralelismo entre la idea de que estos hábitos se encuentran en el núcleo de nuestras acciones y comportamientos, de la misma manera que el ADN está en el núcleo de nuestras células.

De este modo, en los espacios más recónditos de nuestras decisiones diarias, donde los hábitos se forman y evolucionan, el ADH trabaja en silencio, moldeando nuestras vidas de formas que apenas comenzamos a entender.

Así como el ADN en nuestras células define el color de nuestros ojos o la textura de nuestro cabello, el ADH define la esencia de nuestros hábitos. Es la matriz de nuestros pensamientos y creencias, un ácido que puede corroer o construir, un líquido vital que fluye a través de cada uno de nuestros comportamientos, aparentemente automáticos, pero que, en el núcleo, son todo menos aleatorios.

Ahora consideremos por un momento este ADH. Cada creencia, cada pensamiento que tenemos, funciona como un gen dentro de esta estructura molecular. Algunos genes son dominantes, moldean hábitos fuertes y evidentes, como hacer ejercicio todas las mañanas o tomar siempre café después de la comida. Otros son más recesivos, trabajan en el fondo para afectar en nuestros comportamientos de formas más sutiles.

Y es que aquí se encuentra la belleza del ADH: no está fijo. No estamos condenados a vivir con los hábitos que hemos heredado, los que hemos formado en nuestra juventud o los que hemos adoptado en momentos de estrés. El ADH puede ser influenciado, modificado e incluso alterado. Podemos, con trabajo y dedicación, cambiar nuestros pensamientos y creencias y, en consecuencia, cambiar nuestros hábitos.

Deja que me explique con algún ejemplo. Existen miles y miles de libros sobre hábitos, y siguen saliendo al mercado cada día más. Todos y cada uno de ellos hablan de lo mismo: si se centran en la salud, que es muy bueno hacer deporte y que tienes que comer bien; si son para triunfar empresarialmente, te cuentan que te levantes y que te ocupes en primer lugar de los emails o de la tarea que menos te guste, como decía Brian Tracy en su famoso *¡Tráguese ese sapo!* En fin, que como ya te he comentado antes, poco más hay que contar sobre hábitos y cómo crearlos. Sin embargo, existe un sinfín de gestos que ya realizas diariamente, los cuales, con un simple reajuste, pueden convertirse en catalizadores poderosos de nuevas acciones que pueden cambiar tu vida. Cosas tan cotidianas como caminar, ver la televisión, escuchar música, navegar por las redes sociales, interactuar con las personas, ducharte, comer, etc.; todas estas actividades automatizadas ya son en sí mismas hábitos. A todo lo que te hacen sentir y pensar estos pequeños potenciadores es a lo que me refiero cuando hablo de pensamientos.

Piénsalo, todos los días haces cosas, y resulta que cerca del 40-45 % de las que hacemos son hábitos, no decisiones conscientes. Wendy Wood y su equipo de la Universidad Duke publicaron en el 2006 un estudio titulado «Hábitos en la vida cotidiana: pensamiento, emoción y acción». Lo que descubrieron es que gran parte de nuestros comportamientos cotidianos son regidos por hábitos automáticos, no por decisiones deliberadas.

Aquí es donde quiero introducir el concepto de ADH del hábito. Cada hábito lleva consigo su propio código genético, si me permites el símil. Digamos que decides hacer ejercicio regularmente, algo que sabemos que es un hábito saludable y beneficioso. Mientras realizas ese ejercicio, todo lo que experimentas, lo que sientes, lo que piensas, lo que escuchas, lo que tocas, lo que ves, contribuye a cómo tu cerebro percibe y procesa esa actividad.

A estos elementos que influyen en la interpretación y valoración de un hábito es a lo que me refiero cuando hablo de pensamientos. Son esencialmente la información adicional que se halla incrustada dentro de un hábito. Y aquí reside la verdadera belleza de este concepto: a menudo no necesitas implementar hábitos gigantes y abrumadores para ver un cambio. En lugar de eso, puedes simplemente ajustar estos pensamientos para optimizar y potenciar los hábitos que ya practicas. Al final, estos ajustes menores pueden tener un impacto significativo en tu vida. Estos ajustes van relacionados con la actitud a la hora de practicar cada uno de esos hábitos, y cómo nos hace interpretar las cosas esa manera de hacer nuestros hábitos y en definitiva el mundo que nos rodea.

El hábito existe, lo crucial es qué es lo que incluye ese hábito y qué desencadena en nuestra mente. Déjame ponerte un ejemplo rápido para aclararlo.

Imagina que cada mañana, sin falta, te preparas un café antes de comenzar tu día de trabajo. Esto es un hábito; una acción que realizas automáticamente. Ahora, cada vez que te tomas tu café, ¿qué piensas? ¿Percibes ese momento como un chute rápido de energía para poder cumplir antes de enfrentarte a tu lista de quehaceres? ¿O tal vez lo ves como una oportunidad para disfrutar de unos minutos de calma antes de la jornada laboral? Esta diferencia de perspectiva, estos pensamientos, son el ADH de tu hábito. Son la información incrustada dentro de la rutina de tomar café que influyen en cómo valoras e interpretas esta acción.

Supongamos que ahora haces un pequeño cambio en esta manera de interpretar el café matutino. Decides que cada vez que te tomes esa taza matutina vas a parar un momento para apreciar el aroma del café recién hecho, la sensación del calor de la taza en tus manos, el sabor del primer sorbo. Convertirás este hábito en un momento de *mindfulness*, un ritual para centrarte y prepararte para el día. A partir de ahora, tomarte el café no es simplemente una tarea rutinaria, se ha convertido en una pequeña práctica de atención plena que te ayuda a empezar tu día con calma y concentración.

Este pequeño ajuste en tu pensamiento asociado al hábito de tomar café no solo cambia cómo percibes esta acción, sino que también puede tener un impacto significativo en cómo comienzas y llevas a cabo tu día. Este es el poder del ADH del hábito: incluso los más pequeños cambios en nuestros pensamientos asociados a nuestros hábitos pueden tener un impacto significativo en nuestras vidas.

Doble filo en nuestros hábitos

Al igual que existen hábitos saludables y no saludables, existen también los pensamientos positivos y los negativos. Estos describen las actitudes y experiencias emocionales que pueden potenciar o debilitar la efectividad de un hábito.

Así pues, un pensamiento puede ser la actitud y percepción positiva que acompaña la realización de un hábito, aumentando su potencial beneficioso. Pero, por otro lado, también puede ser la actitud y percepción negativa que acompaña la realización de un hábito, disminuyendo su beneficio y, a menudo, convirtiéndolo en algo perjudicial. En resumen, depende de cómo pienses, un mismo hábito puede actuar de una manera u otra.

Ahora imagina lo siguiente. Te pones las zapatillas de correr y sales por la puerta cada mañana. Un ritual, un compromiso que tienes contigo mismo. Pero, como suele pasar con estos compromisos, la percepción puede ser un poco, bueno... ambigua.

Hay personas que tienen este hábito más que integrado, que con un tono más pesimista que una sombra en una celda oscura pensarán que correr es la peor forma de tortura autoinfligida. Cada zancada es un recordatorio constante de un músculo que duele, un aliento que falta y un despertador que sonó demasiado temprano. Se dicen a sí mismos: «¿Por qué me hago esto? No nací para ser un atleta olímpico, ni siquiera un corredor de maratón en el parque local. Solo lo hago para mantenerme en forma, por la bendita figura». En ese sentido, la carrera diaria se convierte en una tarea laboriosa que se tiene que hacer, en lugar de algo que se disfruta. Es una contradicción ambulante, hacen algo bueno para su cuerpo, pero terrible para su mente.

En el otro extremo tienes al que le pone al hábito un ADH positivo, una actitud muy enchufada de «siatodismo». Para él, cada carrera es una odisea de descubrimiento personal. «Mira —piensa—, aquí estoy, enfrentándome a la dura adversidad de la carretera. Y cada zancada, cada jadeo, es un paso más hacia una versión más fuerte de mí mismo. ¡Es liberador! ¡Es exaltante!». Así que su mente se deleita con cada paso, y la carrera se convierte en un acto de triunfo personal, un impulso para su autoestima. Y eso no quiere decir que no le dé por el saco salir a correr, a todo nos apetece más un granizado en una terraza.

Como ves, los dos ejemplos tratan del mismo hábito, correr, pero interpretado de dos maneras totalmente diferentes. Los dos resultados en el aspecto externo son muy parecidos, pero muy distintos a nivel interno. Es casi como una película de Bergman, donde el mismo acto puede tener mil interpretaciones diferentes dependiendo de quién lo observe. ¿Y todo esto debido a qué? A esas actitudes y percepciones intangibles que acompañan cada hábito. Es realmente increíble cómo el simple hecho de cambiar nuestra perspectiva puede transformar cualquier situación, incluso las más mundanas, como salir a correr por la mañana.

Con estos ejemplos espero que te quede claro —pues me he repetido más que el ajo— que vamos a conseguir reajustar tus hábitos e insuflarles una dosis de ADH positivo para que estos se multipliquen y así llegues casi sin darte cuenta a poner en modo *on* una actitud de «Sí a todo».

Como los hábitos son muy personales y la verdad es que a mí lo que me interesa es que veas distintos pensamientos que puedes tener en cada uno de ellos, he pedido a mis seguidores en redes sociales que compartan conmigo hábitos que hacen todos los días. Tengo una lista de más de cien, y he tenido que escoger solo doce, pero he escogido los más comunes, aquellos que todos hacemos seguro. Quizá tienes alguno que no sale en esta lista, pero, como te decía, eso no es importante, porque luego podrás aplicar cada una de las nuevas creencias sobre esos nuevos pensamientos al hábito que te dé la gana.

Así que, dicho esto, y ahora que ya tienes en tus manos todo el conocimiento teórico para entender qué significa tener una actitud de «Sí a todo», es momento de cambiar a la versión de anécdotas de Ferran para contarte cómo implementé todo esto en varias situaciones.

Es la última interrupción, lo prometo

Bueno, bueno, antes de que nos sumerjamos en el lío, déjame desvariar un poquito más, ¿vale? Porque, ¿sabes qué?, soy un fan de los preámbulos, me gustan tanto como a un emprendedor el café de la mañana. Así que... prometo que será breve, y luego vamos a trabajar, ¿de acuerdo?

Verás, hace unos añitos, cuando la ansiedad y yo éramos como uña y mugre, me embarqué en este trajín de reformar todos mis hábitos. Y no solo para librarme de este invitado no deseado llamado ansiedad, que se había acomodado en mi vida durante una década, ¡no! Quería mejorar, sentirme feliz, ya sabes, todo el rollo de automejora y esas cosas.

Y un día, mientras estaba metido en este fregado, me topé con una frase. No sé de dónde vino, quizá de un libro, o de una película, o simplemente apareció en mi cabeza después de una noche de insomnio. La frase decía algo así como: «Echa un vistazo a lo que hacen los demás, cómo actúan, cómo piensan..., y haz lo contrario. En general, te irá bien».

En fin, esa frase me hizo darme cuenta de algo. Este ADH, este extraño código de pensamientos y creencias que todos llevamos dentro y que ahora empezaremos a destripar, no se ajusta precisamente a lo que podríamos llamar «la corriente principal» de pensamiento. Si la mayoría de la gente actúa de manera poco inteligente, normal que te vaya bien haciendo lo contrario.

Por tanto, dejemos claro que hay pensamientos predominantes, o sea, los que la mayoría de las personas tienen, y luego están los pensamientos contracorriente, los que te convierten en un bicho raro, un excéntrico, un Woody Allen en un mundo de Steven Seagals.

Y, claro, esto lo cuento desde mi experiencia, así que quizá te encuentres en un lado en algunos aspectos y en el otro en otros. Pero lo más importante que debes recordar es que el hecho de que un pensamiento vaya contracorriente no significa que sea necesariamente el correcto. Al igual que un pensamiento predominante tampoco tiene por qué serlo. Todo pensamiento, ya sea convencional o vaya contracorriente, necesita un poco de reflexión crítica, un poco de examen detallado, un poquito de lógica y evidencia.

Porque, al final, estamos hablando de nuestra felicidad y nuestra vida, ¿no? Y eso vale la pena que nos lo tomemos en serio. Ahora, dejemos las introducciones y vamos a la faena, ¿te parece? ¡Prometido!

PRIMERA ACTITUD

Apostar

I. CLAVE PARA «SÍ A TODO»: VALENTÍA

¿SALTANDO SIN PARACAÍDAS?

CAPÍTULO 3

El del día que no me ligué a Scarlett Johansson

Siempre he sido un tipo muy ansioso, quiero decir que lo de mis parálisis no es casualidad. Y especialmente me he puesto siempre muy nervioso cuando se trata de hablar con mujeres. La timidez ha sido una constante en mi vida y siempre me ha frenado. ¿Cuántas oportunidades habré dejado pasar? No me atrevo a pensar en ello.

En una especie de trágica ironía, hace un tiempo me vi trabajando como asistente de producción en *Vicky Cristina Barcelona*, dirigida por el mismísimo Woody Allen. Me fascinaba trabajar con este director que tanto admiraba, aunque lo pillé muy mayor y lo que hacía mientras rodaban era pegar cabezaditas, pero esta no es la historia que te vengo a contar.

El destino quiso que Scarlett Johansson, una de las protagonistas, estuviera en el set esa semana que grabábamos una escena en el Museo Picasso. Aunque no pude evitar sentirme hipnotizado por su presencia, jamás me atreví a entablar una conversación con ella, «solo faltaría», pensaba, y eso que Scarlett en esos tiempos aún no era la Viuda Negra de Marvel, si no ya ni te cuento.

Un día, durante un descanso en el set, nuestras miradas se cruzaron fugazmente. «¿Puede ser que haya cierta química entre nosotros?», pensé. Tenía que hacer algo para comprobarlo, pero mi timidez siempre me traicionaba. Pasaron los días y nuestras miradas se encontraban, pero nunca lograba dar el paso.

Ya sé, ya sé..., puede que estés pensando que soy un flipado, y puede que sí, pero te aseguro que yo pensé en ese momento que ella se había fijado en mí.

Fue entonces cuando, en una de esas extrañas coincidencias de la vida, nos encontramos en un pasillo del set. Nos saludamos con un torpe «hola» y un «*hi*», y aunque había una tensión innegable en el aire, o así lo percibía yo, mi timidez me impidió romper el hielo. Cada vez que nos cruzábamos, el patético ritual se repetía y no lograba entablar una conversación real con ella.

Y así, en medio de mi constante monólogo interno, el rodaje llegó a su fin. Scarlett partió para trabajar en otro proyecto y, aunque nos despedimos con un «*Bye bye, thanks*», apresurado y un «aaaddiióos» nervioso, no pude evitar sentir que había perdido una oportunidad, no de ligar, sino de simplemente conversar con alguien que admiraba.

Esa experiencia, años más tarde, me llevó a reflexionar mucho sobre mi vida y sobre cómo mi timidez me ha saboteado una y otra vez. Y hace ya mucho tiempo que decidí afrontar mis miedos y ser más proactivo, tanto en mis relaciones como en mi carrera. Y eso me ha traído cosas buenísimas.

Cuando la duda o la timidez amenazan con apoderarse de mí, pienso en Scarlett, en la oportunidad que dejé pasar de, simplemente, charlar con ella. La vida es demasiado breve y caprichosa para que el miedo nos impida tomar riesgos y explorar lo que podría ser. Al final, en palabras del propio Woody Allen: «La vida no imita al arte; es un pálido reflejo de todo lo que podría haber sido».

Sí a la valentía

Claramente, andar por la vida con la etiqueta de «tímido» pegada en la frente no te empuja a tomar riesgos ni a vivir la vida en modo «Sí». Hay muchas maneras de pensar que no nos dirigen hacia un puerto seguro, como que no eres lo suficientemente bueno, o que al ser Scarlett Johansson una gran actriz no se fijará en ti, que vendría a ser más de lo mismo. O simplemente asumir que hay niveles sociales en esta vida y tú no perteneces al mismo que ella. Cualquier actitud de este tipo te arrastra a un estilo de vida que dice «No». Te paraliza y te deja inactivo, sin jugar tus cartas como me ocurrió a mí con Scarlett.

La valentía es ese impulso que nos lanza al abismo de la incertidumbre con un paracaídas de esperanza. ¿Por qué alguien elegiría caminar por el filo de una navaja, en lugar de relajarse en un sofá cómodo y seguro? Me lo he preguntado mil veces, hasta que la respuesta me la dio Mark Twain con una de sus frases: «La valentía es resistencia al miedo, dominio del miedo, no ausencia de miedo».

¡Qué idea tan revolucionaria! La valentía no es la ausencia de miedo, sino la decisión de abrazarlo como un compañero de viaje no invitado. Las ventajas de este enfoque son tan numerosas como las palomitas en un cubo de cine tamaño familiar. La valentía te da libertad, libertad para explorar, para descubrir, para crear tu propia historia, en lugar de vivir la de otro.

Y AHORA, ALGO QUE NO HAS VISTO «JAMÁS»

Unos puntos que nos ayudarán a entender

¿Qué es realmente ser valiente? ¿Es solo ser el tipo que no grita en las casas encantadas o hay algo más detrás de esa medalla de «soy valiente»? Veámoslo antes de ponernos a crear pensamientos y a aplicarlos a nuestros hábitos diarios:

Valentía innata. Desde que soltamos nuestro primer lloro en el hospital, cada uno de nosotros tiene el chip de valiente. Es esa chispa que nos lleva a desafiar el *statu quo*, como ponerle kétchup a la pizza o atrevernos a cantar en el karaoke. Desde el niño que desafía al monstruo debajo de la cama hasta el señor de sesenta años que sabe que eso es solo un número más, el valor no deja de llamar a la puerta.

Las dos caras del coraje. Me encanta imaginarlo así: el coraje tiene su versión día y su versión noche. Mientras que el valor «ante» es enfrentar los monstruos (reales o imaginarios), el valor «por» es luchar por esos sueños locos que tenemos, como aprender a bailar salsa a los cuarenta (no lo he conseguido). Ambos son necesarios: uno te da historias divertidas para contar, el otro te da motivación para levantarte cada día.

Empatía en el coraje. Ser valiente no es ir por la vida como un toro en una tienda de Lladró. Junto con el coraje viene el manual de «por favor, piensa antes de actuar». Es ese equilibrio entre seguir tu instinto y no olvidar que hay otros en la sala y que se pueden romper.

El resonar del coraje. Cada vez que te lanzas al ruedo dejas huella. Ya sea un gran paso o uno pequeñito, cada acción valiente es como esa pegatina en forma de estrella dorada que te ponían en la escuela: ¡bien hecho! Pero recuerda, todos te están viendo y tomando notas, aunque puedes aprender a pasar de ellos, pero plantéate entonces las notas que vas a tomar tú de cada acto que decidas hacer.

Reconocer el verdadero coraje. En un mundo de «lo quiero y lo quiero ya», donde a veces confundimos valentía con imprudencia, vale la pena parar y recordar cómo funcionan las cosas. No es solo saltar del trampolín, es saber por qué y cómo hacerlo, y quizá también preguntarse si llevas flotadores.

Bueno, y dicho esto y como este es el primer capítulo de doce, déjame contarte que antes de ponernos románticos con la parte positiva de la valentía, que llegaremos, tenemos que entender que hay varios pensamientos que pueden arrastrarnos a verlo todo de forma negativa y a actuar de forma cobarde. Así que, si estás buscando formas seguras de anclarte al modo «No» y olvidarte completamente de ese pequeño botón de «Sí a todo», permíteme que te presente algunos pensamientos insidiosos. Estos son como los mosqueteros del inmovilismo, cada uno a su manera contribuye a mantenerte pegado al sofá en vez de saltar a la acción.

Entonces, ¿qué tal si empezamos explorando estos pensamientos que transforman estos hábitos en monstruos que te devoran el tiempo? Después podremos darle la vuelta a la tortilla y convertir a estos monstruos en ayudantes amigables.

ADH QUE HARÁ QUE SIGAS COMO HASTA AHORA

Hay un pensamiento que te paralizará y no te dejará ser valiente y avanzar hacia el «siatodismo»: el miedo a fracasar. Si ves que ese miedo aparece en tu día a día es posible que tus pensamientos se parezcan en algo a los siguientes:

«No soy lo suficientemente bueno».
«Si fracaso, todos lo verán y me juzgarán».
«Mejor no intentarlo que arriesgarme y fallar».
«No quiero decepcionar a las personas que confían en mí».
«Siempre me pasa esto a mí. ¿Por qué debería ser diferente esta vez?».
«No tengo lo que se necesita para tener éxito».
«Otros lo hacen mejor que yo».
«Si cometo un error, nunca me lo perdonaré».
«No puedo manejar otro fracaso».
«La gente recordará mis errores, no mis logros».

Me he repetido tantas veces estas palabras a lo largo de mis veinte. Y es posible que tú también. En realidad, no importa la edad, la cultura o el contexto, este temor es una constante que ha limitado a generaciones desde tiempos inmemoriales. Pero ¿por qué es tan predominante?

En primer lugar, intentemos entender qué nos hace sentir. El fracaso, en sus diversas formas, nos lleva a confrontar nuestras vulnerabilidades. No es agradable sentirse incapaz, insuficiente o simplemente no estar a la altura. Estas sensaciones se magnifican en nuestra sociedad actual, donde el éxito es altamente valorado y el fracaso a menudo es visto, erróneamente, como una señal de debilidad o insuficiencia. El constante bombardeo de historias de éxito en medios y redes sociales puede hacer que nos sintamos aún más presionados a evitar el fracaso a toda costa, y eso sabiendo que más de la mitad solo son apariencia, en fin.

Un estudio publicado en el *Journal of Experimental Social Psychology* sugiere que las personas no solo temen al fracaso por lo que significa en sí mismo, sino también por cómo creen que los demás lo percibirán. El temor a ser juzgados, conocido como «miedo a la evaluación negativa», es muy paralizante. Por ejemplo, imaginemos a Laura, una joven apasionada por el *ballet* que ha dedicado años de su vida al entrenamiento. Está a punto de enfrentarse a su primera actuación principal en una prestigiosa producción local. Aunque técnicamente está bien preparada, los nervios la invaden días antes del estreno. No porque dude de su habilidad, sino porque teme la reacción del público y las críticas de los expertos en danza que asistirán. Laura tiene pesadillas en las que, tras un paso en falso o un leve desequilibrio, es tildada de «no apta» o «no preparada» para roles principales, a pesar de todos sus años de esfuerzo y dedicación. Su temor a cómo la percibirán los demás amenaza con opacar su talento y pasión por el *ballet*.

Es posible que no te estés dando cuenta de que tu aversión al riesgo está enraizada en un profundo miedo a fracasar. Tienes pánico a las consecuencias reales, como la pérdida de dinero, estatus o seguridad. Pero, con la misma intensidad, temes las consecuencias que puedas percibir: la vergüenza, el juicio ajeno y, quizá lo más doloroso, la autocrítica. Esta combinación de factores reales y percibidos crea un poderoso freno en ti que limita tu disposición a aventurarte más allá de donde te sientes cómodo.

Sin embargo, hay un lado oculto del fracaso que no estás reconociendo. Es un maestro inigualable. El fracaso te enseña, te reta y, a menudo, te conduce a caminos y oportunidades que nunca habrías considerado si hubieras tenido éxito en tu primer intento. En realidad, piénsalo, ¿cuándo sale algo a la primera? Mis primeras tortillas de patatas tenían las patatas crudas y el huevo cocido, todo un drama.

Las lecciones aprendidas a través del fracaso son profundamente enriquecedoras y te esculpen el carácter de forma que se convierte en más resiliente y versátil.

Para combatir este miedo, debes empezar por redefinir tu relación con el fracaso. En lugar de verlo como un monstruo que debe ser evitado, podrías verlo como una oportunidad para aprender y crecer. Después de todo, cada tropiezo es un paso más en tu viaje de autodescubrimiento y desarrollo. Enfrentar tu miedo al fracaso no solo te libera de una barrera autoimpuesta, sino que te brinda una libertad y una fortaleza que muy pocos llegan a conocer.

ADH PARA ABRAZAR EL «SIATODISMO»

Bien, ya lo he apuntado un poco en el párrafo anterior: el fracaso es una pasada si lo usas a tu favor. Pero si te ves atrapado en alguno de los pensamientos negativos o poco edificantes, tienes que saber que los puedes cambiar, y vamos a ver cómo. Pero ¿cuál sería un buen pensamiento que te llevase a abrazar el «siatodismo»? ¿Cuál sería la contra a esos pensamientos que nos dejan tal cual? Veámoslo, podrías decirte algo parecido a esto:

«Cada intento me acerca a mi objetivo, incluso si no resulta perfecto».

«Los errores son oportunidades de aprendizaje, todos los grandes han tenido sus tropiezos».

«Mejor intentarlo y aprender de ello que quedarme con la duda de qué habría pasado».

«Doy gracias a aquellos que confían en mí, y sé que cada paso, ya sea hacia delante o hacia atrás, forma parte de mi viaje».

«Cada experiencia es única y me ayuda a crecer».

«Tengo todo lo que se necesita para triunfar, solo necesito persistir y ajustar el rumbo cuando sea necesario».

«Todos somos diferentes; mi camino y mis experiencias son únicos».

«Si cometo un error, lo abrazaré y aprenderé de él. Es parte del proceso».

«Los éxitos y fracasos son temporales; lo importante es el viaje y lo que aprendo en el camino».

«Prefiero ser recordado por arriesgarme y vivir al máximo que por quedarme en la sombra».

Estas frases, que te puedes ir soltando a partir de ya, cada mañana delante del espejo, son oro puro en un mundo en constante cambio, donde la adaptabilidad y la resiliencia se vuelven esenciales. En la era en que la tecnología avanza a pasos gigantescos obligándonos a cambiar nuestra forma de vivir, adoptar una mentalidad positiva y valiente frente al fracaso es una poderosa herramienta para vivir una vida más plena y feliz, porque, olvídate, fracasar vas a fracasar, espero que lo tengas claro.

Pensar en el fracaso como una oportunidad, más que como un callejón sin salida, tiene múltiples ventajas. Te va a permitir afrontar retos con una perspectiva más abierta, reduciendo el estrés y la ansiedad que suelen acompañar a este gran miedo. Mi vida cambió por completo cuando me di cuenta de esto, te lo aseguro. Es muy fácil de ver, fíjate en tu alrededor, en cómo las personas con esta mentalidad tienden a ser más proactivas, buscan soluciones en lugar de lamentarse. Además, cuando uno no teme al error, se permite experimentar y explorar más, lo que a menudo conduce a descubrimientos e innovaciones, o casi siempre, vaya, y qué maravilloso es esto.

La valentía te impulsa a salir de tu zona de confort, enfrentarte a lo desconocido y, en el proceso, descubrir potenciales y capacidades que ni siquiera sabías que tenías. Como ya te he comentado, pero te lo repito para que quede superclaro, ser valiente no significa no tener miedo, sino actuar a pesar de él, y cada vez que lo haces, fortaleces tu autoestima y confianza.

Numerosos estudios psicológicos han respaldado los beneficios de una mentalidad de crecimiento. La doctora Carol Dweck, en su investigación sobre las mentalidades fijas y de crecimiento, ha demostrado que aquellos que ven los desafíos y fracasos como oportunidades para aprender tienden a tener un mayor sentido de propósito, persistencia y, en última instancia, éxito en sus empeños.

Desde un punto de vista filosófico, Friedrich Nietzsche, uno de los filósofos más influyentes del siglo XIX, propugnaba que lo que no nos mata, nos hace más fuertes. Él creía que afrontar adversidades y superar desafíos era esencial para el crecimiento y desarrollo personal.

Así que ya ves lo importante que es que empieces a currarte este nuevo pensamiento para tener la valentía a tope y poder abrazar el «siatodismo» como modo de vida.

Ya, ya, ya lo sé, qué bonito todo, pero cómo se aplica esto. ¿De verdad creías que solo te iba a proponer ponerte delante de un espejo a repetir esas frases? No, aunque mal no te iría, ¿eh? Pero aquí hemos dicho que cambiaríamos los hábitos ya existentes y que, al modificarlos insuflando un nuevo ADH, este potenciaría una versión muy mejorada de nosotros mismos.

Un hábito para el «siatodismo»

Navegar por internet

Desde el preciso instante en que uno abre un ojo por la mañana hasta que se sumerge en los sueños nocturnos, estamos bajo el constante asedio de un torrente de datos, principalmente de ese gigantesco monstruo llamado internet. Ese inigualable invento que, si bien nos abrió las puertas a un universo de conocimientos (y a la posibilidad de ver esa película francesa de 1967 en pijama), también, con un ADH negativo, lo puedes usar como el sutil arte de evadir tu propia vida y no lanzarte a ser valiente.

Piénsalo. Tienes que redactar un informe, uno que puede ser que te cambie la vida, sin duda eso da miedo, ese informe podría llevarte al siguiente nivel que crees que tanto deseas, pero piensas: «Solo miraré Instagram un minuto». Y de repente, estás atrapado en una espiral de fotos de gatos, análisis políticos y vídeos de gente reaccionando a gente haciendo cosas estúpidas. Te atrapan, como esa vez que fui a una retrospectiva de *Terminator* y terminé viendo todas sus películas en un día, las dos primeras son oro puro, solo te digo eso. Las demás me las tragué porque te pierdes al igual que lo haces en el ciberespacio, como una mosca se queda atrapada en el caramelo de un flan.

Eso no solo sucede en el trabajo, ya lo sabes, cada vez que una duda existencial emerge (y créeme, surgen a menudo), en lugar de afrontarla, zambullirse en la vastedad de Google parece una idea brillante. Pero el exceso de información nos lleva a ese paralizante análisis propio de elegir entre dos restaurantes italianos igualmente buenos. No puedes decidir, así que sigues buscando en Google Maps.

Pero, claro, este hábito se convierte en maravilloso si le insuflamos un pensamiento positivo «siatodista». Tienes herramientas como Trello, que organizan tu vida mejor de lo que Marie Kondo organizaría tus calcetines. Hay cursos *online* que te capacitan, comunidades que te apoyan y experiencias digitales que te transportan a lugares lejanos, como esa vez que intenté cocinar una paella después de un tutorial en YouTube; mejor no te cuento el resultado.

Al final, lo que quiero decir es que navegar por internet, como cualquier otro hábito, es como esa película lentísima en blanco y negro: puede ser brillante si la abordas con la mentalidad correcta. Siempre y cuando recordemos vivir en el mundo real, mantener un equilibrio y, quizá, reducir la cantidad de fotos de gatos en nuestra vida. Así que vamos a tomar este hábito y lo vamos a usar para conseguir que cada vez que lo pongas en práctica, tengas un pensamiento que lo convierta en algo que nos haga ser más valientes. Ahora te cuento cómo hacerlo en modo manual de *coaching*, no se me ocurre otra manera más clara de hacerlo. ¡Vamos allá!

Pongámonos prácticos: reinventar la navegación por internet

Objetivo: convertir el hábito de navegar por internet en una herramienta de empoderamiento personal y de construcción de valentía.

1. **Diagnóstico del hábito**: antes de poder cambiar, debes entender la profundidad de tu hábito. Durante una semana, lleva un registro del tiempo que pasas navegando en internet sin un propósito claro. Esto da mucha pereza, pero si no lo haces, nada te va a funcionar; sin un diagnóstico sincero, es imposible ponerse a trabajar.

2. **Establece un propósito**: antes de abrir tu navegador o Instagram o cualquier red social, pregúntate: «¿Por qué voy a navegar?». Puede ser por trabajo, educación, entretenimiento o simplemente curiosidad. Escribirlo te ayudará a mantenerte enfocado.
3. **Temporizador de internet**: establece un temporizador (puede ser en tu móvil) de veinticinco minutos (técnica Pomodoro). Durante ese tiempo, enfócate en tu propósito. Cuando suene el aviso, toma un descanso de cinco minutos. Luego, si es necesario, repite la acción. Ir saliendo del agujero negro hará que te des cuenta de qué narices haces allí.
4. **Aplicaciones de productividad**: explora y descarga herramientas o aplicaciones que promuevan la productividad y reduzcan la distracción. Ejemplo: «Forest», que te permite «plantar un árbol» y, mientras crece, no puedes acceder a otras aplicaciones. Dos en uno, salvas el planeta y a ti.
5. **Desafío de 30 días**: establece un desafío para ti mismo. Por ejemplo: «Aprenderé algo nuevo relacionado con mi pasión cada día». Utiliza internet para investigar sobre ello, ver tutoriales, leer artículos, etc.
6. **Balance digital**: asigna momentos del día en los que estarás *offline*. Estos son momentos para conectarte con el mundo real, reflexionar y rejuvenecer.
7. **Reconoce y celebra**: cada vez que utilices internet para lograr algo valioso (completar un curso, escribir un artículo, aprender una nueva habilidad), celébralo. Reconoce tu logro y motívate a seguir utilizando esta herramienta de manera efectiva.

Al aplicar este nuevo ADH en el hábito de navegar por internet conseguirás que tus pensamientos sobre esta actividad cambien, y que cada vez que tomes el móvil para entrar en Instagram sea para potenciarte, no para restarte. Actitud directa al «siatodismo».

Y AHORA, UN RESUMEN PARA QUE QUEDE TODO CLARO

La valentía no es la ausencia de miedo, sino el acto de afrontarlo. Todos nacemos con una chispa de valor que nos permite desafiar normas y miedos. La verdadera valentía es equilibrada, pues considera tanto nuestros deseos como los impactos en otros. Es esencial distinguir entre valentía auténtica e imprudencia en nuestras acciones y decisiones diarias.

LA FRASE INSTAGRAMEABLE

Internet es una ventana a un universo infinito: su poder nos libera o nos atrapa, según cómo decidamos mirar.

II. CLAVE PARA «SÍ A TODO»: LIBERTAD

MÁS SUELTO QUE UN COCHINILLO EL DÍA DESPUÉS DE NAVIDAD

CAPÍTULO 4

El del día que fui a un seminario (in)esperado sobre la libertad

Mientras merodeaba por las redes sociales, encontré un anuncio que prometía enseñarme a ser la versión más libre de mí mismo a través del eneagrama. Esta herramienta, por si no lo sabes, plantea nueve tipos de personalidad humana y sus variantes, con la idea de que te identifiques con una o varias y aprendas a potenciar tus aspectos buenos y a «disimular» los malos.

Dado que el orador principal tenía un parecido sorprendente con un actor de una antigua *sitcom* que solía ver (aunque claramente intentaba ocultarlo con un nuevo y sospechoso bigote), pensé: «¿Por qué no?», y me inscribí.

El día del seminario, el ambiente estaba cargado de expectativas. Entre la multitud vi algunas caras familiares, incluida mi peluquera, un barista del café de la esquina y el vecino que insiste en que su gato tiene poderes psíquicos.

El conferenciante subió al escenario con paso decidido y, después de ajustar su micrófono varias veces y carraspear de forma exagerada, comenzó a hablar del eneagrama. A medida que describía cada tipo, señalaba al azar a alguien del público y le asignaba un número. La cosa se puso interesante cuando eligió a alguien de entre el público, la chica más joven y bonita (por supuesto, ¡tenía que ser ella!) y, tras unos minutos de análisis, le dijo: «Tú eres definitivamente un Tipo 3, totalmente enfocada en el éxito». La chica, algo ofendida, replicó: «¿Enfocada en el éxito?, ayer llevé calcetines desparejados todo el día y cené cereales porque olvidé comprar comida. Me paso las noches viendo *anime* y es lo que más me gusta en el mundo».

El público estalló en carcajadas mientras el conferenciante intentaba encontrar palabras para responder. Sin embargo, cada intento solo conseguía más risas de la audiencia. El tío, aun metido en un jardín, tenía gracia, hay que reconocerlo.

La situación se volvió más cómica cuando el conferenciante, intentando recuperar la seriedad, derramó agua sobre sus notas y luego probó, sin éxito, a usar el mismo eneagrama para «autodiagnosticarse» y luego hacer un mal chiste sobre su micrófono mojado, intentando rebajar el ambiente. En definitiva, ese taller fue todo un desastre, pobre chico, ahora que te lo cuento creo que lo pasó fatal, fuimos un muy mal público.

Mientras nos dispersábamos, con sonrisas en nuestros rostros y comentarios jocosos sobre el «número eneagramático» de nuestras mascotas, recordé una reflexión que había escuchado antes: «La libertad de uno termina donde comienza la de los demás». Y, de alguna manera, aquel seminario nos había mostrado una versión cómica y desenfadada de esa verdad. El intento del orador de vender soluciones encasillándonos, restringiendo nuestra libertad personal con un número, fue una lección sobre lo valioso que es ser dueños de nuestra propia narrativa y no permitir que otros nos definan. A veces, la verdadera libertad viene de no tomarse las cosas demasiado en serio y de disfrutar de las inesperadas comedias que nos ofrece la vida. ¡Y, definitivamente, aquel seminario fue una de ellas!

Sí a la libertad

Libertad es esa palabra mágica que evoca imágenes de valientes luchadores desafiando tiranías, de pájaros alzando el vuelo o, si me permites la metáfora española, de un cochinillo corriendo por el campo el día después de Navidad. Sí, el cochinillo que, por alguna razón inexplicable, ha esquivado la mesa festiva y ahora disfruta del sol de invierno, zampándose las hierbas y revolcándose en el barro al más puro estilo *Babe, el cerdito valiente*. ¿Quién se habría atrevido a poner en la mesa de Navidad a ese entrañable animal?

¡Qué imagen tan liberadora! Pero vamos a parar un segundo aquí. ¿Has pensado realmente en lo que significa ser libre? No me refiero a la definición que te da el diccionario, ni a eso que te venden en redes quienes posan con un ordenador en una playa, no. La libertad en su expresión más pura y cruda es la capacidad de elegir, de tomar decisiones, incluso cuando estas decisiones nos llevan por caminos menos transitados o directamente al borde de un precipicio.

La física cuántica, en toda su complejidad, nos muestra que incluso las partículas subatómicas tienen una especie de «libertad», pues se mueven de maneras que no podemos predecir con certeza. Es un recordatorio de que el universo, en su esencia, es un lugar de infinitas posibilidades.

Aunque el cochinillo que corretea libremente podría parecer el epítome de la libertad, hay algo más que debemos considerar. Es cierto que cada uno de nosotros tiene el derecho de buscar su propia libertad, pero hay un límite: la libertad de los demás. Así como ese cochinillo libre no tiene el derecho de destruir el jardín del vecino en su alocada escapada, nosotros no tenemos el derecho de pisotear las libertades de otros en nuestra búsqueda personal.

El filósofo John Stuart Mill nos lo dejó claro con su principio del daño: la única razón por la cual una sociedad tiene el derecho de interferir en la libertad de una persona es para prevenir daño a otros. Y en este frenesí moderno de autodescubrimiento y crecimiento personal, a menudo olvidamos esto. Vemos a *influencers* de Instagram promoviendo una libertad hedonista, donde el placer personal se convierte en el objetivo final de la vida. Pero ¿qué pasa si ese placer se obtiene a expensas de los demás? ¿Qué pasa si nuestra búsqueda de la libertad se convierte en una cadena para otro?

Es triste pero en esta era dorada de las redes sociales, donde el crecimiento personal a menudo se vende como un paquete de bienestar y lujos, nos hemos alejado del verdadero significado de la libertad. Se ha convertido en una carrera para ver quién puede obtener más, ser más y hacer más, olvidando que la verdadera libertad implica responsabilidad. No solo hacia nosotros mismos, sino también hacia los demás.

Imagina que estás en un parque haciendo volar una cometa. Sientes la brisa en tu cara y el hilo entre tus dedos. Es tu momento de libertad, elevando la cometa tan alto como el cielo lo permite. Pero, de repente, esa misma cometa se enreda en un árbol y, al intentar liberarla, rompes una rama que cae y daña a alguien que estaba disfrutando de un pícnic en familia. Tu búsqueda de elevar la cometa, de sentir esa libertad sin límites, acabó haciendo daño a otra persona. Esa es la diferencia entre libertad y responsabilidad. Mientras gozabas de tu derecho a volar la cometa, olvidaste tu deber de hacerlo de manera segura, sin afectar a los demás.

Es así como la libertad, sin un sentido de responsabilidad, puede transformarse en egoísmo o, peor aún, en una fuente de daño. La verdadera libertad no consiste solo en hacer lo que queremos, sino en hacerlo conscientes de nuestro entorno y de aquellos que comparten este mundo con nosotros. Así que, la próxima vez que busques elevar tu «cometa» en la búsqueda de libertad, asegúrate de que estás en un espacio donde no solo puedas volar libremente, sino también de manera responsable.

Si comprendes esto y pretendes activar el «siatodismo» como modo de vida, recuerda siempre que mientras persigues tu libertad no estás solo en este mundo, eso te hará mucho más feliz que hacer lo que te salga del alma en cada momento. No dejes que esa visión idealizada de libertad, vendida por gurús de autoayuda con filtros perfectos y paisajes idílicos, te ciegue ante las realidades y responsabilidades que vienen con ella.

Porque la libertad no es solo ser el cochinillo que escapa del horno, sino también el que cuida de que su escapada no arruine el festín de los demás.

Y AHORA, ALGO QUE NO HAS VISTO «JAMÁS»

Unos puntos que nos ayudarán a entender

La libertad ha inspirado a poetas, ha sido el lema de rebeldes y el anhelo de aquellos que sienten que el mundo les pisa los zapatos. Pero espera, ¿ser libre es simplemente no tener un jefe que te grite o hay más salsa en este taco? Vamos a verlo por pasos:

1. **El autoconocimiento es clave**

Dentro de cada individuo reside un universo de deseos, miedos, esperanzas y creencias. Al sumergirnos en el estudio de nuestro propio ser, desentrañamos no solo nuestras fortalezas y debilidades, sino también lo que nos motiva y lo que nos retiene. Al desarrollar una comprensión clara de quiénes somos, podemos dirigir nuestras vidas de manera auténtica, sin dejarnos influenciar indebidamente por las expectativas externas.

2. **La libertad es un viaje, no un destino**

El concepto de libertad es fluido y cambia a medida que evolucionamos. Como río que fluye, cada curva y remolino representa nuevos desafíos y realidades que afrontamos. No buscamos un punto de llegada, sino abrazar la travesía, comprendiendo que la libertad es un proceso de aprendizaje y adaptación continuos.

3. **El valor de las elecciones**

La libertad se traduce en la autonomía de elección. Sin embargo, la verdadera elección consciente proviene de un lugar de conocimiento y comprensión. No basta con tener opciones, es importantísimo estar informado y discernir cuál es la más alineada con nuestro bienestar y el de los demás.

4. **La empatía es esencial**

Vivir en sociedad implica relacionarnos con otros. La empatía nos permite ver el mundo desde la perspectiva del otro, comprendiendo sus sentimientos y aspiraciones. Ser libres no significa actuar sin restricciones, sino reconocer que nuestra libertad no debe perjudicar la de otros.

5. **Cuestiona tus cadenas**
Más allá de las restricciones externas, muchas veces somos prisioneros de barreras mentales que hemos construido. Estas cadenas autoimpuestas pueden ser miedos, traumas o creencias arraigadas. Desafiándolas, podemos liberarnos y expandir nuestro horizonte de posibilidades.

6. **Aprender de los errores**
Nadie es perfecto, y la libertad incluye la licencia para fallar. Sin embargo, el verdadero valor reside en reconocer esos fallos, aprender de ellos y utilizar esos aprendizajes para crecer y evolucionar.

7. **La libertad no es un bien consumible**
Aunque vivimos en un mundo comercializado, la libertad genuina no tiene etiqueta de precio. No es un destino exótico ni un objeto de lujo. Es un estado interno, una paz con uno mismo y una conexión con nuestra autenticidad.

8. **No todo lo que brilla es libertad**
En un mundo lleno de distracciones y tentaciones, es fácil confundir el brillo del oro con el fuego fatuo. Hay que ser cautelosos, discernir entre las verdaderas oportunidades de crecimiento y las ilusiones que, aunque atractivas, pueden alejarnos de nuestro camino hacia la libertad.

ADH QUE HARÁ QUE SIGAS COMO HASTA AHORA

Uno de los pensamientos que más se repiten y que te bloquean la libertad como el mejor portero agarra la pelota es la necesidad de aprobación. Si ves que sientes esa necesidad en tu día a día, es posible que tus pensamientos se parezcan en algo a los siguientes:

«¿Y si no soy lo suficientemente bueno?».
«No quiero decepcionar a los demás».
«No estoy listo para esto».
«¿Y si me equivoco y todo sale mal?».
«Sería más fácil si solo hiciera lo que se espera de mí».
«La libertad suena bien, pero también aterradora».
«No quiero ser juzgado o criticado».
«Quizá no merezco ser libre».

En una galaxia muy muy lejana..., bueno, no, en una galaxia no, pero hace un montón de años, cuando nuestras antiguas civilizaciones apenas sabían cómo atarse los cordones, ya andaban preguntándose: «¿En qué tribu guay me meto?». Es la eterna necesidad humana de socializar y preguntarse por qué no nos invitaron a esa fiesta del Neolítico.

Nos encanta interactuar, aprender de otros, sentirnos superimportantes en un grupo y confiar en que alguien nos guardará un asiento en la próxima fogata comunitaria.

Pero vamos al presente, hablemos de esos días en que te despiertas y hay un sombrero tipo Pork Pie en el armario que hace ciento cincuenta años que pasó de moda y que te grita: «¡Hoy es un día para brillar!, vamos a pasear por la ciudad». Esos momentos en que tu reflejo se convierte en tu compañero de karaoke y te das cuenta de que, en realidad, ¡no cantas tan mal! La vida, en su forma más inesperada, nos está dando un respiro, una pausa. Una oportunidad de descubrir qué nos hace vibrar más allá de lo que los demás nos digan.

Los primeros días es como «¿de verdad llevo esto en la cabeza?», pero luego el estado de *shock* cede ante el anhelo de salir a la calle sin miedo. Quieres sentirte parte de algo, compartir tus alegrías y penas, y ese meme supergracioso que descubriste. Y es que creo que de eso se trata, de conectar con esa chispa interna, el susurro que nos invita a bailar al ritmo de nuestra propia melodía. Porque, al final del día, la verdadera libertad no es solo salir, sino descubrir quiénes somos por dentro y atrevernos a serlo.

ADH PARA ABRAZAR EL «SIATODISMO»

A ver, pongámonos en situación: Aristóteles, ese señor de la antigua Grecia con una barba digna del mejor *hipster* de Barcelona, decía que somos el máximo exponente de la libertad. Imagina tener el superpoder de elegir, decidir entre las ofertas del menú que la vida nos pone delante y actuar al ritmo de esa elección. Para él, somos un *zoon politikón*, en nuestro idioma, un animal social o, literalmente, un animal político (de *polis*, ciudad, por si no te cuadra la etimología de la palabra) que nació para ser el alma de la fiesta, participando, dando opiniones y, sí, decidido a hacerlo.

Hoy en día seguimos exactamente igual. Dua Lipa con *Levitating* nos pone a bailar con la idea de ser libres, tocar las estrellas y decidir qué zapatos ponernos hoy. O por poner un ejemplo supertrillado en este mundo del crecimiento personal, en *Matrix* vemos el dilema de Neo entre la pastilla roja y la azul, decidir entre ver la realidad o seguir en una vida simulada. Pues sí, cada día es un episodio de «Elige tu propia aventura» en el que tratamos de descifrar qué significa realmente ser libres, a lo mejor tú lo tienes claro, yo creo que, aun teniendo una vaga idea, no lo sé muy bien. Lo que tengo claro es que sea lo que sea la libertad no quiero que nadie me quite el mando a distancia.

Pero aquí viene el quid de la cuestión: ser libre no es un bufé libre donde coges todo lo que quieras. No es un pase VIP para hacer lo que te venga en gana.

Ser libre es como ser DJ: eliges el tema, pero siempre teniendo en cuenta al público. No es solo hacer la conga porque sí, sino saber que tu conga puede chocar con alguien, que tus decisiones tienen eco y que, al final, la libertad es un dueto entre tú y la sociedad, eso es lo único que sé que te acercará al «siatodismo». No podemos usar la libertad como un niño con una caja de colores, pintando sin mirar, eso es perder el norte de nuestra esencia. Ser libre es como una planta: necesita agua, luz y, sobre todo, conciencia de nuestras acciones, ejerciendo la libertad con ese toque de salero y respeto hacia los demás. La libertad no es solo un regalo en la rifa, es también un trabajo en equipo, una tarea y, más que nada, una oportunidad de crecer, bailar y, en definitiva, encontrar nuestro hueco en la sociedad.

Así que vamos a ver cómo poner este nuevo ADH en un hábito de lo más común, en uno de esos que haces todos los días. Porque te recuerdo que aplicando este nuevo pensamiento al hábito empezarás a acercarte a esa libertad de forma totalmente inconsciente.

Un hábito para el «siatodismo»

Vestirte cada mañana

Vestirse cada día es más que un ritual matutino, es una muestra de quién eres o de quién quieres que el mundo piense que eres. Desde el amanecer de la humanidad nos hemos envuelto en pieles, plumas, joyas, para proclamar una identidad, para gritar sin palabras nuestro estatus, nuestras creencias, nuestros deseos.

No obstante, en la era moderna, con la influencia ineludible de las redes sociales y la moda rápida, esta expresión de identidad ha sido eclipsada por el deseo de encajar, de no desentonar. Si antes nuestras ropas eran las plumas con las que escribíamos nuestra historia, hoy corremos el riesgo de vestirnos con ropas sutilmente inculcadas, dictadas por tendencias que van y vienen y no por nuestra esencia.

En la actualidad, la moda se ha vuelto una ecuación compleja entre lo que queremos expresar y lo que la sociedad espera de nosotros. Es como si, en lugar de usar el traje de tres piezas que amamos, optáramos por la camiseta deportiva de la temporada simplemente porque «todos la llevan». Y aquel que anhela vestir al estilo de los años veinte ¿dónde se encuentra? Probablemente ocultando sus verdaderos gustos por temor al qué dirán. Esta es una actitud muy de «No» y nada «siatodista». Es actuar desde la necesidad de formar parte de algo en vez de ser alguien auténticamente genuino.

¿Dónde queda nuestra libertad? Si vestirse es un acto inherente al ser humano, ¿por qué nos limitamos? Es vital recordar que la libertad de uno termina donde comienza la de los demás. Sin embargo, no debemos olvidar que esto también se aplica en sentido inverso: no debemos dejar que las expectativas de otros restrinjan nuestra libertad de expresión.

Por eso, cada vez que te pares frente a tu armario, recuerda que no estás eligiendo solo una prenda, estás eligiendo cómo presentarte al mundo. ¿Vas a dejarte influir por lo que todos hacen o te atreverás a ser auténticamente tú?

Así que, si eres fan del traje de tres piezas como yo, ¿por qué no usarlo? Tal vez al hacerlo inspires a otros a romper sus propias cadenas y vestirse con lo que realmente resuena en su corazón. Después de todo, la verdadera moda es aquella que nos permite ser libres.

Pongámonos prácticos: reinventar el vestirse cada mañana

Objetivo: aprender a vestirse de manera que refleje tu personalidad única, rompiendo barreras personales y conectando con quien realmente eres.

1. **Diagnóstico del armario**: durante una semana, haz un registro fotográfico de tus atuendos diarios. Al final de la semana, revísalos y pregúntate: ¿reflejan estos atuendos quién soy, o me estoy dejando influenciar?
2. **Reto de la semana**: elige un día de la semana en el que te atreverás a usar algo que habitualmente no usarías, pero que te apetece mucho. Puede ser un accesorio, un color o una prenda completa que consideres fuera de tu zona de confort.
3. **Analiza tus sentimientos**: después de tu día de reto, reflexiona sobre cómo te has sentido: ¿más confiado?, ¿inseguro?, ¿liberado? Apunta estos sentimientos en un diario.

4. **Compras conscientes**: la próxima vez que vayas de compras, en lugar de seguir las tendencias actuales, busca piezas que te hagan sentir bien y que reflejen tu personalidad.
5. **Reconoce y celebra tu autenticidad**: cada vez que te sientas genuinamente tú mismo con un *outfit*, tómate un momento para apreciarlo. Se trata de celebrar tu individualidad y no simplemente de seguir las normas.

Aplicando este nuevo ADH en el hábito de vestirte cada mañana conseguirás que tus pensamientos sobre ello cambien, y que cada vez que abras el armario sea para potenciarte, no para restarte. Actitud directa al «siatodismo».

Y AHORA, UN RESUMEN PARA QUE QUEDE TODO CLARO

La libertad no es solo escapar de restricciones, sino también actuar con responsabilidad para no perjudicar a otros. La verdadera libertad implica autoconocimiento, empatía y la capacidad de tomar decisiones. En la era digital, la noción de libertad es a menudo malinterpretada por *influencers*, y debe ser entendida como un equilibrio entre deseos individuales y responsabilidades colectivas.

LA FRASE INSTAGRAMEABLE

Libertad no es tomar todo lo que quieras, sino elegir conscientemente en el gran baile de la vida.

III. CLAVE PARA «SÍ A TODO»: VISIÓN

CON GAFAS O SIN ELLAS, VEO EL FUTURO

CAPÍTULO 5

El del día que me creí que me haría millonario

Hay personas que viven avanzadas veinte minutos a sus tiempos, conozco algunas. La mayoría de ellas no tienen visión, no tienen una idea clara de qué quieren hacer con sus vidas, qué quieren lograr y cómo lo van a conseguir. Simplemente tienen la mente llena de sueños futuristas donde lo que viene será mucho mejor gracias a todo lo que hacen. Conozco a uno que está cambiando la educación a nivel mundial, o eso cree él. Oye, a lo mejor lo consigue y pasa a la historia como alguien que cambió el mundo, aunque ya te digo ahora que yo no llevaría a mis hijos a ninguna de sus escuelas.

Hace unos años, en la época en que mis crisis de ansiedad comenzaban a parecer algo así como un recuerdo lejano y un tanto nebuloso, me embarqué en una aventura empresarial que, según me habían dicho, me convertiría en millonario. En el mundo del crecimiento personal, cuando estás en un estado emocionalmente frágil, es sorprendente la cantidad de personas que encuentras dispuestas a sacar provecho de ti. Sin embargo, no puedo evitar pensar que la mayoría no lo hace de manera maliciosa, es simplemente la naturaleza de nuestra peculiar sociedad: algunos devoran y otros son devorados. Pero, por supuesto, hay más opciones, aunque en ese momento, lamentablemente, yo pertenecía al grupo de los devorados.

En aquel entonces estaba explorando un nuevo mundo lleno de conocimientos y filosofías de vida, y me topé con algunos oradores carismáticos que sembraban ideas en mentes vulnerables como la mía. En medio de aquel caos existencial conocí a un hombre que prometía soluciones para aquellos que deseaban emprender, uno de esos que viven veinte minutos avanzados a su tiempo. Este peculiar individuo había estado involucrado en el mundo del crecimiento personal durante años y había experimentado una transformación vital que, aunque guardaba ciertas similitudes con la mía, también presentaba notables diferencias. Él había sido un empresario adinerado que, en busca de la felicidad, había decidido dar un giro a su vida. Yo, por otro lado, era un estudiante con un salario modesto que compartía un pequeño piso con otros cuatro seres humanos igual de desafortunados.

A pesar de nuestras diferencias, este chico y yo entablamos amistad y comenzamos a encontrarnos con frecuencia para tomar té y debatir sobre el sentido de la vida. Un día, en medio de la vorágine de nuestras conversaciones, decidimos que era el momento de crear un negocio relacionado con el crecimiento personal. La idea me pareció brillante, incluso genial: unirme a alguien con experiencia y éxito en un proyecto sobre algo que me apasionaba. Así que, con una mezcla de entusiasmo y temor, me sumergí en la aventura.

No pasó mucho tiempo antes de que nuestra empresa tomara forma y mi socio creara una hoja de cálculo en la que, con números que parecían sacados de una película de ciencia ficción, pronosticaba ganancias astronómicas en tan solo unos meses. En un abrir y cerrar de ojos, dos inversores aparecieron en escena, ansiosos por financiar nuestro proyecto. Sin embargo, en el preciso instante en que firmamos el contrato, mi socio perdió interés en el negocio y la relación con los inversores se tornó más incómoda que la de un adolescente en su primera cita.

Al final, la empresa no solo fracasó, sino que me dejó con una deuda de 15.000 euros, que viví como un peso invisible e insoportable sobre mis hombros. Si alguna vez has experimentado lo que es recibir llamadas diarias del banco recordándote amablemente que les debes una suma considerable de dinero, entonces comprenderás lo que experimenté en aquel momento. Fue, sin duda alguna, uno de los mayores desafíos que afronté en mi lucha por mantener la ansiedad a raya.

A medida que el tiempo pasaba y me iba adaptando a mi nueva situación de deudor, me di cuenta de que había una lección valiosa en todo esto. A pesar de haber sido víctima de mis propias circunstancias y de las promesas vacías de aquellos que aseguraban tener todas las respuestas, entendí que la verdadera respuesta reside en tener una visión clara de lo que realmente deseas en la vida. No se trata de seguir ciegamente a quienes prometen oro y riquezas, ni de dejarse seducir por números deslumbrantes en una hoja de cálculo. La visión va más allá de las circunstancias inmediatas y del deslumbramiento momentáneo.

En ese momento mi visión se había visto fácilmente influenciada por las promesas y expectativas ajenas, y perdí de vista mi propósito y mis valores. Pero esta experiencia, aunque costosa, me enseñó que tener una idea clara de lo que quieres lograr y hacia dónde te diriges te permite identificar y aprovechar las oportunidades que se alinean con tu visión del futuro. También te prepara para ser resiliente ante los desafíos y para tomar decisiones informadas que te acerquen, paso a paso, a tus objetivos.

Hoy, al mirar atrás, veo ese fracaso empresarial no como un obstáculo insuperable, sino como una piedra angular en mi viaje de autoconocimiento y crecimiento. La visión se convirtió en mi faro, me guio a través de mares turbulentos y oscuros túneles. Y aunque todavía hay momentos de duda y miedo, sé que siempre encontraré el camino correcto mientras mantenga la vista fija en mi horizonte personal.

Sí a la visión

Antes de entrar en faena, quiero que hagamos un pequeño ejercicio mental. Imagina que tu vida es una película y que estás en ese momento en el que el protagonista mira hacia el horizonte, el viento despeina su pelo y una música épica suena de fondo. ¿Qué ves allá en la lejanía?

Porque esa es tu visión, es tu propósito, es aquello que realmente quieres hacer, el lugar hacia el que quieres dirigirte. Tener una visión es, en esencia, tener la audacia de soñar y la valentía de perseguir y currarse cada día esos sueños, por más locos que parezcan.

Cuando Galileo Galilei, con sus rudimentarias gafas de la época, se puso a mirar las estrellas, tenía una visión. No solo estaba viendo lunas orbitando Júpiter, sino que estaba viendo un universo que contradecía todas las creencias establecidas. Muchos lo tomaron por loco, otros por hereje. Pero él, con gafas o sin ellas, vio un futuro diferente y tuvo las agallas de apostar por él. Ahora, gracias a su audacia, entendemos el cosmos de una manera completamente distinta.

Pero hay un problema, infinitas veces recibo el mensaje de personas que dicen: «No tengo una visión» o «No tengo un sueño grande que cumplir». Es como si hubieran aceptado la idea de que hay un selecto grupo de individuos destinados a tener grandes visiones, mientras que el resto debe conformarse con seguir la corriente. Pero ¿sabes qué pienso? Que esa es una de las mayores ilusiones de nuestra sociedad.

Todos, absolutamente todos, tenemos una visión, una pasión, algo que enciende nuestra alma. El problema es que a menudo está enterrado bajo capas y capas de miedos, expectativas ajenas, desilusiones y distracciones. La sociedad tiende a ponernos etiquetas, a encasillarnos, y cuando no encontramos nuestra «gran visión» rápidamente, nos sentimos perdidos.

La clave está en buscar dentro de uno mismo. A veces la visión no es un gran descubrimiento astronómico o una obra maestra de arte. A veces es simplemente encontrar la felicidad en lo pequeño, en mejorar la vida de los que te rodean, en aprender algo nuevo cada día.

Porque tener una visión no es solo ver un futuro deseable, sino también ser consciente de las responsabilidades que conlleva. Y aquí viene el jarro de agua fría: perseguir una visión implica trabajo, sacrificio y enfrentarse a muchos que no verán lo que tú ves. Pero oye, si Vincent Van Gogh hubiera prestado atención a todos los que no veían lo que él veía, no disfrutaríamos de esas maravillosas estrellas nocturnas.

Ah, y un último apunte no menos importante: tu visión debe ir más allá de ti mismo. Quizá te estés preguntando ¿por qué? Bueno, hay varias razones profundas detrás de este concepto.

Primero, cuando tu visión tiene un impacto en los demás, te proporciona un propósito y una motivación más sólida. Es fácil rendirse cuando las cosas se ponen difíciles si solo estás pensando en ti mismo. Si mi visión fuera vender relojes en vez de ayudar a salir de la ansiedad, estoy seguro de que no sería ni la mitad de sólida, y ahora estaría con los relojes, pero mañana vendiendo perfumes, o vete tú a saber. Cuando sabes que hay personas que se beneficiarán o que dependen de tu éxito, eso te proporciona una fuerza extra para superar los obstáculos y perseverar.

Segundo, una visión que busca el bienestar de otros, inevitablemente, te aporta bienestar a ti mismo. Es esa sensación gratificante que sientes cuando ayudas a alguien, multiplicada por mil. El reconocimiento y la gratitud de los demás son efectos secundarios que llenan tu alma y te dan la satisfacción de saber que estás marcando una diferencia en el mundo. Además, está científicamente comprobado que hacer el bien a otros libera endorfinas en nuestro cerebro, esas sustancias químicas que nos hacen sentir bien. Es una especie de círculo virtuoso: haces el bien, te sientes bien, y eso te motiva a seguir haciendo más bien, me pillas, ¿no?

Tercero, una visión que trasciende al individuo tiene un potencial de legado. Fíjate en las figuras históricas que recordamos al inicio del libro: no son necesariamente las más ricas o las más famosas, sino las que dejaron un impacto, las que marcaron una diferencia. Martin Luther King Jr., Madre Teresa, Nelson Mandela... tenían visiones que iban más allá de su beneficio personal. Y ahora sus nombres y legados siguen vivos, inspirando a generaciones mucho después de que se hayan ido.

Por último, pero no menos importante, en un mundo que a menudo parece fragmentado y polarizado, las visiones que buscan el bien común son como puentes. Construyen conexiones, fomentan la comprensión y promueven la unidad. Te conviertes, sin darte cuenta, en un embajador de la paz y la solidaridad. A mí me gusta que un homeópata, por ejemplo, se pueda abrazar y entender con un psiquiatra, es un sueño húmedo que cumplí hace unos años cuando creé la clínica.

Cuando tu visión se centra en el beneficio de los demás, no solo estás trabajando para un futuro mejor, sino que también estás viviendo una vida más plena y significativa en el presente. La verdadera pregunta es: ¿qué legado quieres dejar? Porque si buscas una visión que trascienda tu individualidad, estás sembrando las semillas para un impacto que puede durar generaciones. Y eso es la verdadera magia de tener una visión que va más allá de uno mismo.

Y AHORA, ALGO QUE NO HAS VISTO «JAMÁS»

Unos puntos que nos ayudarán a entender

A menudo, cuando pensamos en visionarios, imaginamos figuras imponentes, líderes que cambian el rumbo de la historia con una idea brillante o un carisma que trasciende fronteras. Pero detrás de cada gran visión hay un viaje, un proceso de introspección y autodescubrimiento, mezclado con momentos de duda, temor y, finalmente, certeza.

El despertar interno. Todo comienza con una inquietud, un sentimiento sutil de que algo más grande espera ser descubierto. Es esa chispa inicial, ese deseo de buscar más allá de lo obvio, lo que nos impulsa a cuestionar, a soñar y a imaginar. Es un despertar interno, una llamada del alma que nos pide mirar más allá del horizonte.

El liderazgo de la autenticidad. Ser visionario no es simplemente tener una gran idea, sino también la autenticidad para vivirla y defenderla. Esto va de ser fiel con uno mismo, a pesar de las críticas o el escepticismo de los demás. Es recordar que nuestra visión es un reflejo de nuestra verdad más profunda, y que solo al honrarla podemos realmente liderar con integridad.

La paciencia del peregrino. Tener una visión no es un esprint, sino una maratón. Es un viaje que puede estar lleno de desafíos y obstáculos. Pero es en estos momentos difíciles cuando la verdadera naturaleza de un visionario brilla. Es la paciencia de un peregrino, el que sabe que cada paso, por pequeño que sea, lo lleva más cerca de su destino.

El poder de la colectividad. Mientras que una visión puede nacer de un individuo, su realización a menudo requiere la colaboración y el apoyo de muchos. Es entender que, juntos, podemos alcanzar alturas más grandes. Al compartir nuestra visión, no solo ganamos aliados, sino que también ampliamos su alcance, impactando a más vidas y generando ondas expansivas de cambio.

La evolución de la visión. Es vital entender que una visión no es estática. Puede y debe evolucionar con el tiempo. A medida que crecemos, aprendemos y nos adaptamos, nuestra visión puede adaptarse para reflejar mejor quiénes somos y qué queremos lograr. Es la humildad de reconocer que, aunque nuestro núcleo permanezca constante, la forma en que lo expresamos puede cambiar.

Finalmente, pienso que es esencial recordar que todos, independientemente de quiénes seamos o de dónde vengamos, llevamos dentro la capacidad de ver más allá, de soñar y de transformar esos sueños en realidad. Ya sea que tu visión impacte a una comunidad, a un país o al mundo entero, su valor no se mide por su tamaño, sino por su autenticidad y su capacidad para iluminar el camino de otros. Y sé que podríamos entrar en el debate de las posibilidades sociales que se nos presentan, hay gente con más suerte que otra a la hora de nacer, eso está claro. Pero hemos visto a personas provenientes de realidades muy difíciles cambiar el mundo, convertirse en grandes estrellas del rock o crear grandes obras maestras que forman parte de la historia del arte.

Así que, la próxima vez que te encuentres mirando hacia el horizonte, piensa en el viaje que te espera. No será fácil, pero te prometo que será gratificante. Y al final, cuando mires hacia atrás, verás no solo la distancia que has recorrido, sino también las vidas que has tocado y el legado que has dejado. Eso es el poder verdadero de una visión: no solo ver el futuro, sino también crearlo.

ADH QUE HARÁ QUE SIGAS COMO HASTA AHORA

Cuántos cientos de veces me ha escrito alguien diciendo que no tiene un propósito, una visión. He oído a Alex Rovira decir más de una vez que si no tienes propósito ya tienes uno: encontrarlo. Me parece una medio broma más que acertada. Cuando estás atrapado sin poder ver más allá y no puedes visualizar qué es lo que realmente te hace feliz, es muy posible que te encuentres con un monólogo interior en tu cabeza parecido a este:

«¿Por qué no puedo encontrar mi pasión o propósito como los demás?».
«Tal vez no esté destinado a hacer algo grande o significativo».
«¿Y si elijo un camino y resulta ser el incorrecto?».
«Me siento perdido y sin dirección».
«Todo el mundo parece tenerlo todo resuelto excepto yo».
«Tal vez solo no soy lo suficientemente bueno o especial».
«¿Qué me está faltando que los demás parecen tener?».
«Me siento atrapado en la rutina y no sé cómo salir».
«Tengo miedo de arriesgarme y lamentarlo más tarde».
«Si supiera lo que realmente quiero, todo sería más fácil».

Vivir sin un propósito claro es como estar sumergido en una canción pop sin ritmo, donde las notas parecen desordenadas y no encuentras el estribillo pegajoso que te motive a bailar. Te encuentras sin dirección ni destino y la rutina te zarandea, y tus objetivos parecen borrosos. Si le añades a esto la continua exhibición de logros ajenos en redes, como pegajosas melodías que, aunque no quieras, te va a tocar escuchar, es casi imposible evitar sentirte desubicado.

Recuerdo una vez, una noche de karaoke con amigos, que estaba intentando cantar un temazo de los noventa que, admito, no conocía bien. A media canción olvidé la letra y comencé a improvisar sobre lo perdido que me sentía en la vida (es posible que el vino estuviese haciendo su efecto). La audiencia primero se rio y, luego, me aplaudió al final. Aunque fue un momento embarazoso, me hizo darme cuenta de que no estaba solo en mis sentimientos de desorientación y que, a veces, solo necesitamos reírnos un poco de nosotros mismos. O a lo mejor es que aplaudían cualquier intento de alguien con la capacidad de subir al escenario a hacer el ridículo delante de los demás, vete tú a saber. En cualquier caso, la moraleja es la misma: compararte constantemente con quienes parecen tener un plan definido puede llevarte a un callejón sin salida. Con cada historia de éxito que escuchas, ya sea en una reunión familiar o en el último post de un *influencer*, la presión de «¿y cuándo será mi momento?» puede resultar abrumadora.

Sócrates dijo: «Una vida sin examen no vale la pena vivirla». Esta búsqueda de propósito es innata en nosotros, al igual que la necesidad de música en nuestras vidas. Y aunque no tener un propósito claro no se etiqueta como una «enfermedad», puede ser tan desorientador como intentar encontrar el ritmo en una canción que nunca has escuchado antes.

ADH PARA ABRAZAR EL «SIATODISMO»

¿Qué pasaría si te dijera que, en lugar de buscar frenéticamente un propósito predefinido, te tomes un momento para explorar, descubrir y, finalmente, construir tu propósito desde cero? A continuación te dejo algunas afirmaciones que podrían acompañarte en este viaje introspectivo:

«Mi propósito no es algo que deba ser encontrado, es algo que construyo día a día».

«Cada persona que conozco, cada libro que leo, cada error que cometo me da pistas sobre mi verdadero propósito».

«El hecho de que aún no lo haya identificado no significa que no esté ahí, esperando ser descubierto».

«Es válido cambiar, evolucionar y redefinir mi propósito según mi crecimiento personal».

La búsqueda del propósito, de la visión en la vida, es esa chispa que nos impulsa, y sin duda pienso que ha sido una constante a lo largo de la historia de la humanidad. Platón, con su teoría de las ideas, sugería que nuestro propósito sería un retorno a ese conocimiento puro y eterno, un poco una flipada, pero vaya, que a mí me encanta, ¿quién soy yo para llevarle la contraria a Platón?

En el 2010, un estudio de la Universidad Stanford respaldó la idea de que tener un claro propósito en la vida no solo nos hace más felices y satisfechos, sino que también fortalece nuestra salud mental y física. Esta necesidad de propósito es tan fundamental que la vemos reflejada incluso en la cultura popular, en realidad puedes hacer un breve experimento ahora mismo: ponte una serie (que sea buena) y busca si los protas tienen esa necesidad de propósito, lo vas a encontrar, no por nada, sino porque simplemente es una de las grandes preguntas que nos hacemos los humanos desde que vimos salir el sol por primera vez.

Piensa en *Friends* una vez más. A lo largo de las temporadas, vemos cómo los personajes evolucionan. Ross al inicio busca el reconocimiento académico y el amor verdadero, pero al final también busca la reconciliación y el entendimiento familiar. Rachel, que empieza como una joven perdida que huye de un matrimonio no deseado, termina encontrando su pasión en el mundo de la moda. Al igual que ellos, cada uno de nosotros busca dar sentido a nuestras vidas, definir nuestros objetivos y encontrar nuestra pasión.

Indiana Jones, con su sombrero y su látigo, nos enseña que el viaje en sí puede ser tan significativo como el destino final. En *Indiana Jones y la última cruzada*, no es solo el Santo Grial lo que está en juego, sino el vínculo entre padre e hijo, y la comprensión de que algunas búsquedas van más allá de lo tangible. Qué maravilla de película ahora que lo pienso.

Además, la búsqueda de un propósito no es algo estático. Y quiero que te quedes con esto, porque es una de las grandes confusiones de la vida desde mi punto de vista. La visión cambia y evoluciona con nosotros a medida que crecemos y nos enfrentamos a diferentes etapas de la vida. Lo que era esencial para nosotros en nuestra juventud se transforma con el tiempo, adaptándose a nuevas circunstancias, aprendizajes y perspectivas. La pura verdad es que lo que nos lleva a vivir en modo «Sí a todo» es este continuo redescubrimiento y reafirmación de nuestro propósito. Es esa sensación lo que nos mantiene vivos y apasionados, siempre en busca de esa chispa que ilumine nuestro camino.

Y una última reflexión: fíjate en que nuestra visión, nuestro propósito, es lo que nos conecta con los demás. Al compartir nuestras pasiones, objetivos y sueños con aquellos que nos rodean, creamos lazos significativos y construimos comunidades enriquecedoras. Tanto en la realidad como en las historias que consumimos, es este sentido de pertenencia y propósito compartido lo que nos une y nos lleva hacia delante.

Un hábito para el «siatodismo»

Reflexión diaria mientras te lavas los dientes

La vida cotidiana, con sus ajetreos y rutinas, a menudo nos lleva a perder de vista nuestras verdaderas pasiones y objetivos. Nos perdemos en el mar de responsabilidades, navegando sin un rumbo fijo. Sin embargo, conectarnos con nuestro *ikigai*, ese motivo que da sentido a nuestra existencia, puede ser la chispa que ilumine nuestro camino.

Reflexionar diariamente es una forma de hacer una pausa, desconectarnos del ruido y sintonizarnos con nuestro interior. Es el momento perfecto para preguntarnos: ¿Qué me apasiona? ¿Qué me hace feliz? ¿Cuál es mi contribución al mundo?

Permíteme que te cuente la historia de una amiga del instituto que ilustra bien el caso.

María siempre había sido una mujer de números. Desde que podía recordar, estaba obsesionada con cómo funcionaban las cosas, desmontaba relojes solo para montarlos de nuevo y no se cansaba de las ecuaciones complejas, cosa que yo no podía comprender. Por eso, cuando llegó el momento de decidir su futuro, se inscribió en la escuela de ingeniería sin dudarlo.

Sin embargo, en su interior, algo más le llamaba la atención, algo que ella describiría como «un poco menos lógico». Supongo que por eso nos hicimos amigos. Todos los domingos nos escapábamos al Museo de Arte Nacional y nos perdíamos entre lienzos y esculturas. Mientras sus compañeros de clase discutían sobre dinámicas y estructuras, María soñaba con pinceladas y colores.

Un día, después de una presentación especialmente tediosa sobre la termodinámica, María se encontró en una cafetería, con una servilleta en la mano, garabateando un pequeño boceto. Ese dibujo parecía representar su vida: mitad ingeniera, mitad artista, completamente confundida.

Al ver lo que estaba haciendo exclamé: «¡Eso es increíble, María! Deberías hacer una exposición». María se rio: «Sí, claro, las reflexiones garabateadas de una ingeniera perdida. Sería un éxito».

Pero la idea se quedó con ella. Empezó a pintar y dibujar en su tiempo libre, mezclando su amor por la ingeniería con su pasión por el arte. Creaba obras que representaban circuitos al estilo de Jackson Pollock o diseñaba rascacielos inspirados en Van Gogh.

Para sorpresa de María, su pequeña exposición improvisada en la cafetería de la universidad atrajo la atención de muchos. La gente estaba fascinada por su enfoque único, la fusión de dos mundos aparentemente opuestos.

Y es que a veces no necesitamos elegir entre dos pasiones. En el cruce de ambos caminos puede surgir algo verdaderamente especial. Y, bueno, si eso no funciona, siempre está el consuelo de un cruasán y un café mientras reflexionamos sobre lo absurdo de la vida.

Pongámonos prácticos: encuentra tu ikigai mientras te lavas los dientes

Objetivo: usar la rutina diaria de lavado dental para conectarte con tu visión y propósito.

Diario mental: inicia y termina el día con una reflexión frente al espejo. Por la mañana, establece una intención para el día y, por la noche, revisa los momentos más destacados.

Notas inspiradoras: coloca una nota en el espejo del baño con preguntas del tipo: «¿Qué me ha hecho feliz hoy?» o «¿Qué he aprendido?». Sirve como recordatorio para reflexionar mientras te cepillas.

Momento de gratitud: al enjuagarte, piensa en algo por lo que estés agradecido. Esta práctica diaria de agradecimiento te ayudará a enfocarte en lo positivo.

Visión y planificación: mientras usas el hilo dental, dedica un momento a pensar en pequeñas acciones que te acerquen a tus objetivos y visiones a largo plazo.

Una sonrisa como despedida: al terminar, reconoce tu esfuerzo y compromiso con una sonrisa, reafirmando tu camino hacia tu visión y propósito.

Aunque pueda parecer simple, este ritual diario puede ser una poderosa herramienta para mantenerte conectado con tus metas y pasiones. Lavarte los dientes se convierte así en más que solo higiene, es una oportunidad diaria para conectar con tu esencia y moverte activamente hacia tu *ikigai*. Así, dos veces al día, mientras cuidas de tu salud bucal, estás también cuidando de tu alma y visión. ¡Eso es «siatodismo» puro en acción!

Y AHORA, UN RESUMEN PARA QUE QUEDE TODO CLARO

Es de vital importancia tener una visión personal que trascienda el beneficio individual, enfocándose en el impacto colectivo y el legado. Todos poseemos una visión, a menudo oculta por miedos y distracciones. Ser visionario implica autenticidad, colaboración y evolución constante de esa visión. A pesar de los desafíos, perseguir esta visión puede crear un impacto duradero y transformador.

LA FRASE INSTAGRAMEABLE

El propósito no se encuentra, se construye, evoluciona con nosotros y es la chispa que une almas y forja caminos.

IV. CLAVE PARA «SÍ A TODO»: CREATIVIDAD

PORQUE PINTAR DENTRO DE LAS LÍNEAS ES ABURRIDO

CAPÍTULO 6

El del día que me tragué un *spoiler*

Me había pasado años, décadas incluso, intentando resolver mi ansiedad como si fuera un enigma kafkiano. Un día, mientras navegaba por Instagram, esa plataforma contemporánea de sabiduría y exhibicionismo, me topé con un anuncio. Un joven, más o menos de mi edad, me hablaba directamente, como si pudiera ver a través de la pantalla y leer mi alma atormentada: «Si no puedes medirlo, no puedes mejorarlo. Para cambiar tu vida, tienes que adoptar superhábitos».

«Vaya», pensé, con la fascinación de un niño que descubre que la vida no es solo una sucesión interminable de desayunos a base de azúcar y extraescolares por las tardes. «Quizá la solución a mi ansiedad sean esos superhábitos que promete este gurú musculado».

Veinte minutos y seis mil euros más tarde, estaba apuntado al acompañamiento individual más top que existía si querías crear hábitos. Te voy a repetir el precio por si has leído rápido estas líneas: seis mil euros. Este chico era muy conocido en el sector y solo podías acceder a su acompañamiento si pagabas esa cantidad de dinero. Y ahora pensarás: «Bueno, Ferran es rico». ¡No! Pedí un préstamo que pagué en veinticuatro cómodos plazos de doscientos cincuenta euros al mes.

Este experto en hábitos me daba clases semanales en su oficina, donde me enseñaba sobre la formación de hábitos y cómo organizar y medir cada momento de mi vida. Aprendí mucho, aunque lo que realmente dejó en mí una impresión duradera fue un descubrimiento accidental que hice un día en su oficina.

Estábamos trabajando en una planificación de hábitos en una hoja de cálculo de Excel, un ejercicio que me provocaba más ansiedad que asistir a una cena familiar donde todos tus parientes son psicoanalistas. En un momento concreto, mi mentor se ausentó para ir al baño y yo me quedé a solas con su ordenador, en el que podía verse un archivo intrigante llamado «planificación personal 2010». Como un detective de segunda categoría en una novela de misterio barata, no pude resistirme a echar un vistazo.

Era demasiado tentador descubrir los secretos que ese documento me podía revelar sobre cómo el gran genio de la planificación tenía estructurados sus hábitos. Así que, sin pensarlo, lo abrí. Lo sé, no está bien, pero te lo cuento porque ya ha prescrito.

El Excel estaba desarrollado al minuto:

Hora ǀ Actividad
ǀ 5:00 am ǀ Levantarse
ǀ 5:10 am ǀ Abdominales
ǀ 5:30 am ǀ Flexiones
ǀ 5:50 am ǀ Ducha

«Dios mío, qué estrés», pensé. Pero espera, que ahora viene lo mejor.

En la columna de arriba ponía viernes y abajo, a continuación, los hábitos:

ǀ Hora ǀ Actividad
ǀ 7:00 pm ǀ Hacer el amor con Miriam
Opción 1 (si concluye):
ǀ 7:30 pm ǀ Ducha

Opción 2 (si no concluye):
| 7:10 pm | Insistir
| 7:20 pm | Desistir
| 7:30 pm | Masturbarme
| 7:35 pm | Ducha

«Como una regadera», concluí. Cerré el Excel y disimulé hasta que volvió. Dejé de asistir a las clases, pero me llevé una lección valiosa: en la búsqueda de una vida mejor, es importante encontrar un equilibrio entre la estructura y la libertad, entre el rigor y la improvisación. Después de todo, ¿qué sentido tiene vivir si no podemos sorprendernos a nosotros mismos de vez en cuando?

A raíz de aquella experiencia comencé a reflexionar sobre cómo el exceso de estructura y rigidez puede asfixiar el alma. Si bien es cierto que la disciplina y los hábitos tienen su lugar, la vida también exige espacios de libertad para florecer. Esa estructura extrema me mostró lo que no quería, lo que no necesitaba. Empecé a buscar algo diferente, algo que me liberara y me reconectara con mi ser interior. Y en esa búsqueda fue la creatividad la que me encontró, o más bien me reencontró.

Me apunté a clases de pintura, como había hecho muchos años atrás. Desempolvé mi guitarra y me sumergí en la música, dejando que las notas fluyeran a través de mí sin premeditación. Me permití volver a escribir, no con un propósito específico, sino simplemente para liberar mis pensamientos y emociones en el papel. Y, poco a poco, empecé a sentir que un peso se levantaba de mis hombros.

Me di cuenta de que, en la búsqueda de controlar y estructurar mi vida, me había desconectado de una parte esencial de mi ser: mi capacidad de crear, de imaginar, de soñar. La creatividad se convirtió en mi refugio, un espacio donde podía ser yo mismo sin juicio ni expectativas.

La lección más grande de todo lo que pasó es que la vida no trata solo de seguir un guion o un plan detallado. Es importante darle espacio a nuestra mente para explorar, para errar y, sobre todo, para crear. Porque en esos momentos de pura creatividad es donde realmente conectamos con nuestro yo más profundo y encontramos la verdadera felicidad.

Sí a la creatividad

Había una vez, no hace mucho tiempo, unas escuelas llenas de críos donde se nos enseñaba que seguir las reglas, hacer exactamente lo que se esperaba de nosotros y no desviarnos del camino trazado era la fórmula mágica para el éxito. Pero ¿las grandes mentes de la historia se conformaron con pintar dentro de las líneas?

Pensemos de nuevo en Leonardo da Vinci. Lo siento, pero es que ayer vi un documental sobre él y me flipó, así que es posible que nos sirva de ejemplo en más de una ocasión. Leonardo no era una tortuga ninja, era un genio renacentista que no solo dominó el arte, sino que se sumergió en la anatomía, la ingeniería y hasta en el vuelo de las aves. Si hubiera decidido mantenerse dentro de las líneas de su oficio como pintor, nos hubiéramos perdido las maravillas dibujadas en sus cuadernos de bocetos, llenos de inventos y observaciones. Su mente inquieta no se contentaba con seguir las normas, buscaba trascenderlas.

La creatividad es ese ímpetu que nos empuja a ver más allá de lo evidente, a cuestionar la sociedad en la que vivimos y a imaginar mundos que aún no existen. Pero ¿qué nos pasa ahora? Vivimos en una era en la que, paradójicamente, pese a tener todas las herramientas para crear a nuestro alcance, nos vemos muchas veces atrapados en las redes del conformismo. Y, oye, a lo mejor ha sucedido toda la vida, es posible que esté cayendo en eso de cualquier tiempo pasado fue mejor, pero ¿dónde está el Leonardo actual? Yo no lo sé ver, la verdad.

Pienso y siento que en la actualidad a menudo nos sentimos aplastados por el peso del «lo que toca hacer» o por el temor al qué dirán.

El filósofo griego Platón decía que la creatividad era simplemente la memoria de otras vidas. Una forma poética de entender que, quizá, ser creativo es conectar con algo más profundo, algo ancestral que reside en nosotros. Pero en este mundo hiperconectado nos distraemos con facilidad y olvidamos conectar con ese fuego interno, ese toque de locura que todos llevamos dentro.

Aun así, creo sinceramente que no todo está perdido, ni mucho menos, aunque exista una trampa escondida en nuestro camino. Las mismas tecnologías que prometen abrir puertas a la creatividad a menudo se convierten en cadenas invisibles que nos atan. Nos inundan de estímulos constantes, de notificaciones, de vídeos que prometen ser el siguiente viral. Y en esa avalancha de información, en ese ruido ensordecedor, nuestra creatividad, esa voz sutil y poderosa, se ahoga. Se pierde.

Necesitamos silencio, necesitamos pausa, necesitamos tiempo para permitir que la creatividad brote desde lo más profundo de nosotros. Para realmente beneficiarnos de ella no solo como herramienta de creación, sino como vía de autoconocimiento y crecimiento personal. Es esencial recordar que, en ocasiones, desconectar es la mejor manera de volver a conectar con nuestra esencia creativa.

Porque, si algo nos enseña la creatividad, es que siempre hay otra forma de ver las cosas, otra solución al problema, otro camino por explorar. Y cuando nos damos el permiso de salir de las líneas preestablecidas, no solo enriquecemos nuestra alma, sino que también aportamos algo único al mundo. Porque, después de todo, ¿qué sería de este mundo si todos decidieran pintar solo dentro de las líneas? Es hora de atrevernos, de dejar la huella de nuestro pincel en los lugares más insospechados y, así, contribuir al infinito mural de la existencia humana.

Y AHORA, ALGO QUE NO HAS VISTO «JAMÁS»

Unos puntos que nos ayudarán a entender

En ese enredo complejo e indescifrable que es el pensamiento humano, la creatividad es la chispa que da vida a montañas, ríos y constelaciones de ideas. Si bien la historia nos ha brindado innumerables ejemplos de mentes brillantes, el verdadero poder de la creatividad radica en su universalidad, en la capacidad de cada individuo de romper sus propios moldes preestablecidos.

El valor de desviarse. ¿Cuántas veces hemos oído la frase «no reinventes la rueda»? Si bien hay sabiduría en aprovechar lo que ya existe, es vital recordar que, si no hubiera alguien dispuesto a desafiar lo establecido, aún viviríamos en cuevas. La evolución de la sociedad es testimonio del valor de desviarse del camino trazado y aventurarse a lo desconocido.

Los límites autoimpuestos. A veces las barreras más fuertes son las que nos imponemos a nosotros mismos. Estas cadenas invisibles, hechas de miedos, dudas y expectativas sociales, limitan nuestra capacidad de imaginar. Es imperativo desafiar estos límites, recordando que cada idea innovadora, en su inicio, fue una vez vista como una locura.

Creatividad y conexión. En un mundo de avances tecnológicos, la verdadera innovación a menudo se encuentra en la intersección de disciplinas. Así como Leonardo fusionó arte y ciencia, hoy podemos unir tecnología y humanidades, ciencia y arte, matemáticas y música. Al fusionar estos mundos descubrimos nuevas formas de expresar nuestra humanidad.

Nutriendo el espíritu creativo. Para florecer realmente, nuestra creatividad necesita nutrición. Nutrirse no significa solo consumir información, sino vivir experiencias, viajar, leer, dialogar, soñar despierto, y promover todo aquello que le dé de comer a tu mente. Al final, alimentar la mente es tan crucial como alimentar el cuerpo.

En conclusión, si bien las líneas y las reglas tienen su lugar para poder colorear a Mickey Mouse y que quede bonito, es el valiente acto de trascenderlas lo que lleva a la humanidad hacia delante. Es el artista que ve un lienzo en un muro en ruinas, el científico que se pregunta «¿y si...?» ante lo aceptado, y es cada individuo que decide que su voz, su idea, su chispa tienen valor. La creatividad no es solo el dominio de unos pocos elegidos, es el patrimonio inalienable de cada ser humano; tú también eres creativo, solo tienes que lanzarte a explorar. Y no estoy diciendo que pases a la historia como fruto de tu creatividad, pero sí que la utilices como un espacio innegociable para activar una actitud de «Sí a todo» y ser feliz.

ADH QUE HARÁ QUE SIGAS COMO HASTA AHORA

Eres una persona de números, de hechos, de certezas. Siempre te has dicho a ti mismo: «No soy una persona creativa». Es posible que estos pensamientos formen parte de tu discurso interno:

«Nunca he sido bueno dibujando ni creando».
«La creatividad es para personas con talento innato, no para mí».
«Cada vez que intento ser creativo, siento que fracaso».
«Me comparo con otros y siento que nunca alcanzaré ese nivel de innovación».
«La creatividad es algo que no puedo aprender; o lo tienes o no lo tienes».

Este tipo de mentalidad hace que te sumerjas en una vida que puede recordar a la cotidianidad gris de una oficina de peli de los ochenta. Es una existencia monótona, donde las ideas revolucionarias y la innovación parecen pertenecer a un universo diferente, uno lleno de héroes y aventuras. Las oportunidades de lanzarte hacia nuevos horizontes y de abrazar experiencias desconocidas se esfuman, dejándote atrapado en un ciclo diario que carece de la emoción de un enfrentamiento épico entre superhéroes y villanos que, no sé a ti, pero a mí me encantan.

En el ámbito profesional, quizá sientes que, mientras otros vuelan alto como Iron Man con sus invenciones y soluciones creativas, tú simplemente caminas por la tierra, siempre un paso por detrás. En el personal, tu vida podría parecer una película sin los efectos especiales de Marvel: sin color, sin vibrante banda sonora y, sobre todo, sin ese elemento sorpresa que te mantiene al borde del asiento. Lo sé, eso sucede solo en las películas buenas, pero ya me entiendes.

Se dice que, en una ocasión, Albert Einstein dijo: «La imaginación es más importante que el conocimiento, el conocimiento es limitado, mientras que la imaginación no». Y es precisamente esa falta de imaginación, esa renuencia a soñar y ver más allá de lo obvio, lo que mantiene a algunos en un estado de estancamiento. A diferencia de Einstein, quien veía un mundo lleno de posibilidades y maravillas, si te cierras a la creatividad te limitas a ti mismo, ignorando el potencial que yace dentro de ti. Así que ¿por qué no intentar mirar el mundo a través de las gafas de Tony Stark y abrirte a la magia de la creatividad? ¡Nunca sabes qué maravilla puedes descubrir!

ADH PARA ABRAZAR EL «SIATODISMO»

¿Y si te dijera que todos, absolutamente todos, llevamos un artista dentro? ¿Qué pensarías si supieras que la creatividad no es solo cuestión de talento, sino también de práctica, pasión y perspectiva? A continuación siguen algunos pensamientos que podrían iluminar tu camino:

«La creatividad no es solo arte, es una forma de pensar, de resolver problemas, de ver el mundo».

«Cada día es una oportunidad para crear algo nuevo, aunque sea una pequeña idea».

«No nací sabiendo, pero estoy dispuesto a aprender y a explorar mi lado creativo».

«Cada persona es un universo de ideas, solo necesitamos el coraje para traerlas a la luz».

«Ser creativo no es ser el mejor, sino ser auténtico y original».

Vivir en una sociedad donde el ruido constante y la sobreinformación nos abruman puede que te provoque una sensación de asfixia. Puede que sientas somo si estuvieras inmerso en un torbellino de estímulos, en el cual cada esquina parece esconder una nueva distracción o desafío. Y eso no te deja centrarte en lo que es realmente importante, en aquello que necesitas ver para evolucionar hacia el «siatodismo».

Me acuerdo mucho, siempre que hablo sobre creatividad, de los años en que estudié humanidades y descubrí en el cine grandes historias donde explorar ese término. Me viene ahora a la cabeza, por ejemplo, *Blow-Up* de Michelangelo Antonioni. Una película (que si no la has visto tienes que verla porque es maravillosa) donde un fotógrafo obsesionado con un detalle de una de sus imágenes se sumerge en una búsqueda frenética de la verdad, evidenciando cómo muchas veces nos podemos perder en los minuciosos detalles y olvidarnos de la imagen completa.

La continua búsqueda de propósito en este embrollo de estímulos en el que vivimos puede hacer que te sientas perdido, como si estuvieses caminando por un paisaje desolado sin mapa ni dirección. Las maravillas de la tecnología y la globalización, que en teoría deberían acercarnos más entre nosotros, a menudo nos hacen sentir más aislados y desconectados. No por la tecnología en sí, sino por el uso que le damos, o al menos así lo veo yo.

Parece ser que Steve Jobs afirmó en una ocasión: «No dejes que el ruido de las opiniones de los demás ahogue tu propia voz interior». Cuánta razón, y qué importante es encontrarnos a nosotros mismos en medio del bullicio. Es vital tomarnos un momento para reflexionar, desconectar de las distracciones y sintonizar con nuestro ser interior.

Al igual que en *Blow-Up*, donde la línea entre la realidad y la percepción se vuelve borrosa, en nuestras vidas debemos ser cautelosos para no perder de vista lo que realmente importa. Necesitamos buscar esos momentos de calma y claridad que nos permitan discernir entre el ruido y lo que verdaderamente tiene significado. Es una travesía que requiere valentía, introspección y, a veces, un paso atrás para apreciar el panorama completo.

Un hábito para el «siatodismo»

Desarrollar la curiosidad mientras preparas tu café

Creo firmemente que la creatividad, ese poderoso motor de innovación y solución de problemas, encuentra su impulso en la curiosidad. En la rutina diaria, la repetición y el pensamiento lineal nos dominan la mayoría de las veces, como ese conejito de Duracell que tocaba el tambor en el anuncio. En estos casos es vital recordar la importancia de cuestionar, explorar y maravillarse, tal como haría un niño con un nuevo juguete.

Hace algunos años conocí a una chica que acababa de abrir una tienda de café de especialidad. Tuvimos algunas citas, pero la cosa no funcionó, la verdad. Se llamaba Silvia y me contó lo que el café significaba para ella, y, en ese momento, me enamoré perdidamente... de esta maravillosa bebida.

La cuestión es que Silvia había sido siempre ese tipo de persona que llamamos «ratón de biblioteca», según lo que ella contaba. Su carita pequeña, escondida tras unas grandes gafas, lo confirmaba. Desde pequeña se apegó a los hechos, las cifras y las verdades absolutas. Pero luego, algo cambió. Fue alrededor de la misma época, me contaba, que la curiosidad la salvó de un bloqueo creativo asfixiante. Resulta que, de todos los consejos de autoayuda, revistas y blogs, la solución estaba en su cocina.

Ah, el café. Ese brebaje oscuro, amargo (a veces dulce, cuando se siente traviesa) que la ha acompañado durante años en sus madrugadas y reuniones. Pero, claro, nunca antes había considerado que esa sencilla taza podía ser más que una dosis de cafeína.

Inspirada por esa epifanía, decidió hacer de su taza de café matutina un ritual. No se trataba solo de beberlo, ¡no, señor! Era todo un proceso. Primero, seleccionar el café de diferentes partes del mundo, luego olerlo, escuchar el burbujeo de la cafetera y, finalmente, sentarse en el balcón a disfrutar de ese primer sorbo mientras el mundo despertaba.

Una mañana, con su taza en mano, notó cómo el vapor ascendía en espirales danzantes. Y en ese humo vio figuras, historias, posibilidades. Como un pintor frente a un lienzo, comenzó a esbozar en su mente. Se imaginó siendo una aventurera, recorriendo las plantaciones de café en América Latina, negociando con comerciantes en remotas aldeas, sintiendo la lluvia tropical en su piel.

Cada sorbo le trajo una nueva idea, un nuevo escenario, un nuevo personaje. Esa taza rutinaria de café se convirtió en su pasaporte a mundos desconocidos. Se dio cuenta de que la creatividad no necesariamente viene de lo grandioso, sino que puede esconderse en los rincones más cotidianos de nuestra vida.

Para Silvia, ese café humeante dejó de ser simplemente una forma de mantenerse despierta. Se convirtió en un vehículo para explorar su creatividad, para permitirse soñar y, lo más importante, para recordar que la inspiración puede estar en cualquier parte, incluso en el acto más rutinario. Y así, preparada con papel, pluma y una taza de café, comenzó a escribir, a crear y a plasmar lo que finalmente sería su pequeña tienda de café de especialidad en Londres.

Y es que, a veces, la solución a nuestros problemas más grandes puede estar oculta en los detalles más pequeños de nuestra rutina diaria. Solo tenemos que prestar atención.

Pongámonos prácticos: curiosidad diaria a través de tu ritual de bebida

Objetivo: pintar tu día a día con momentos de asombro, exploración y aprendizaje, desde la página en blanco hasta el primer sorbo de tu bebida.

Olor, sabor y preguntas: al probar tu café o té, busca nuevos matices en el sabor y el aroma. Además, escribe tres preguntas diarias que te intriguen, estén o no relacionadas con tu bebida. Aprovecha ese momento para crear, pocos espacios tienen tanta magia como la taza humeante de un café.

Experimentación y *hobbies*: varía tu bebida semanalmente. Así como pruebas un nuevo tipo de té o café, aventúrate en un *hobby* o actividad desconocida. Atrévete a cambiar, vivir nuevas experiencias es una gran fuente de inspiración.

Reflexión y sentimientos: después de cada nueva experiencia, ya sea una conversación, una lectura o un sorbo diferente, reflexiona sobre tus emociones y anótalas, aunque te dé pereza. Lo de la libretita funciona.

Conexiones y conversaciones: investiga sobre tu bebida y comparte lo aprendido. Estarás de acuerdo conmigo en que las mejores conversaciones están acompañadas de una buena taza de té. De igual manera, busca conversaciones sobre temas desconocidos para ti y nútrete de ellas.

Cambios menores, grandes descubrimientos: altera una pequeña parte de tu rutina, ya sea probando una nueva infusión o escuchando un tipo diferente de música.

Al cultivar la curiosidad en tu ritual diario del café y en otros aspectos de tu vida, te estás permitiendo conectar puntos aparentemente dispares y encontrar inspiración en los lugares más inusuales. Así, mientras disfrutas de tu café o té, estás también degustando la esencia del «siatodismo» en cada sorbo y en cada pensamiento curioso.

Y AHORA, UN RESUMEN PARA QUE QUEDE TODO CLARO

La creatividad nos empuja a ver más allá y cuestionar lo establecido, pero en el mundo actual suele verse sofocada por el exceso de estímulos. Leonardo da Vinci es un ejemplo de cómo trascender los límites tradicionales en múltiples disciplinas. Las tecnologías, pese a prometer libertad creativa, pueden atraparnos en la rutina y el conformismo. Es esencial tomarse pausas para reconectar con nuestra esencia creativa y ver las infinitas posibilidades que nos rodean.

LA FRASE INSTAGRAMEABLE

La creatividad emerge de la autenticidad, no del ruido. En un mundo de constantes estímulos, encontrar nuestra voz es el verdadero arte.

SEGUNDA ACTITUD

Sudar

V. CLAVE PARA «SÍ A TODO»: RAZÓN

UN ALTAVOZ PARA LA ESTUPIDEZ HUMANA

CAPÍTULO 7

El del día que conocí a un budista

En aquellos tiempos en los que la ansiedad formaba parte de mi día a día, yo era tan nervioso e impetuoso como uno de esos personajes de las comedias neoyorquinas que beben cinco cafés antes de las diez de la mañana. ¿No os flipa que en esas series estén todo el día con un café en la mano? En fin. Había pensado que la meditación sería mi escudo contra la avalancha de la vida en la gran ciudad. ¿Meditación? Sí, esa que ves en los *stories*, donde solo cruzas las piernas, cierras los ojos, y todos tus problemas se desvanecen. Así de sencillo.

Claro, meditar es genial. Pero ¿es la panacea? Tanto como decir que un paracetamol es la solución para todas tus enfermedades. No te funcionará si crees que es la solución a todos tus problemas.

Por aquel entonces, mis ilusiones estaban puestas en convertirme en uno de esos yoguis que levitan y encuentran ese estado de conciencia divino llamado nirvana. No, no me refiero a la banda, aunque admito que *Smells Like Teen Spirit* tenía su propia magia.

Mi travesía espiritual me llevó a vestirme con ropa de una tienda de mi ciudad llamada Zen & The City. Lo sé, estaba en el nivel de «turista espiritual» en mi propia travesía. Pero, quién sabe, tal vez había un código de vestimenta para alcanzar el nirvana, y yo no quería ser rechazado por no llevar la adecuada.

Así, siguiendo mi «sendero» espiritual, me encontré en un centro de meditación en el corazón de Barcelona. Allí me acercaba todos los jueves para aprender a meditar, y lo conseguí. Era un centro lleno de figuritas de deidades y una línea budista muy marcada en todo lo que hacían, pero tenía un «monjeprofe» que era muy divertido y no se rindió hasta que consiguió enseñarme a centrar la mente.

La cuestión es que, un día, un grupo de monjes que vinieron del extranjero para visitar el centro, y que parecían más veteranos que los edificios de la ciudad, ofrecieron un retiro especial para aquellos de nosotros que quisiéramos ir más allá. Pagué sin pensarlo.

Por cierto, no quiero seguir mi historia sin aclarar antes del final apoteósico que no estoy generalizando sobre el budismo. De hecho, a lo largo de los años he aprendido mucho de diversos monjes. Pero esa experiencia, esa en particular, lo cambió todo para mí, ya que me hizo pasar de fan a practicante, y eso es importante en todos los aspectos de la vida. Pero no me quiero desviar, al final me fui de fin de semana con ese peculiar grupo de monjes y unos cuantos mortales más en busca de la iluminación.

El retiro ocurrió un par de meses más tarde. Quedamos en la avenida Diagonal de Barcelona todos los inscritos, donde nos esperaba un autobús que nos llevaría a la mansión donde se llevaba a cabo el retiro de meditación budista.

El retiro era Vipassana, que significa «ver las cosas tal como son» en pali. La idea básica, me parecía a mí, es que estás cuarenta y ocho horas en silencio absoluto y con largas horas de meditación para poder cultivar la atención plena y comprender que la vida al final son cuatro días y así conseguir reducir el sufrimiento y desarrollar la sabiduría y la compasión.

La cosa funcionaba de la siguiente manera. En una sala llena de incienso había en el suelo varios círculos dibujados, estos nos separaban por niveles. En los círculos más alejados del centro estábamos nosotros, que meditábamos dos horas y descansábamos dos más y así todo el día. En los más cercanos, había algunos monjes que se ponían a meditar a lo mejor cuatro horas y descansaban dos. Cuanto más cerca del círculo central, más horas seguidas de meditación.

En el centro había un señor que parecía muy mayor y que se podía pasar allí en estado de meditación casi todo el día. ¡Ah!, y, por supuesto, apenas comíamos ni dormíamos, aunque esta era una norma de ese retiro, pues he hecho otros retiros a posteriori y aquello solo me lo encontré en este.

En realidad, ahora ya sé que dejar de comer te priva de la energía que el cerebro requiere para funcionar correctamente, y la principal fuente de energía para el cerebro es la glucosa. Durante un ayuno prolongado, los niveles de glucosa en la sangre pueden disminuir, lo que puede afectar la función cerebral y provocar alucinaciones o confusión. Yo no creo que esto lo supiesen los organizadores, pero te lo cuento en mi afán de buscar una explicación racional a nuestra práctica. Además, también dormías poco, porque a las cinco nos despertaban para ir a meditar y, ya sabes si has tenido bebés como yo, que lo de dormir poco afecta al funcionamiento normal del cerebro y aumenta la posibilidad de sufrir alucinaciones. En conclusión, yo, comiendo y durmiendo poco, estaba fatal de lo mío. Aunque reconozco que a la mayoría no los veía nada afectados.

Total, todo este rollo para contarte que el señor del medio, al menos hasta donde yo pude ver, no comía ni dormía, solo meditaba. Ese monje aseguraba que, cuando meditaba, trascendía y tenía lo que él llamaba sueño consciente, y que nos podía visitar y hablar con nuestros espectros espirituales. Evidentemente, todos flipábamos con él.

A las nueve de la noche sonaba el toque de queda y nos mandaban a nuestras habitaciones, que estaban en una zona algo apartada de la mansión principal donde se encontraban los monjes. Y fue en la segunda noche, tumbado en mi cama, cuando el Ferran ansioso me sacó de allí.

Esa noche, mi estómago rugía como un león hambriento, así que decidí ir a buscar algo de comida a la cocina. Pero lo que encontré allí fue aún más sorprendente que cualquier revelación espiritual que pudiera haber esperado.

Allí estaban los monjes, que tanto admirábamos, celebrando una fiesta como si fueran adolescentes borrachos, jugando a cartas, bebiendo y comiendo dulces.

Finalmente volví a casa en ese autocar con el aprendizaje de que, a veces, la vida te presenta situaciones extrañas e inesperadas que hacen que te replantees tus creencias y expectativas. Pero una cosa estaba clara: la razón y la lógica tienen su lugar, pero también lo tiene la experiencia humana. Y aunque no encontré la respuesta absoluta que buscaba, me llevé una valiosa lección sobre la complejidad y la belleza de la vida y la relatividad de «tener la razón». Después de todo, la vida, con todas sus incógnitas, es una experiencia maravillosamente irracional, ¿no crees?

Sí a la razón

¿Conoces esa sensación de tener una idea brillante en medio de la noche y sentir que se pierde en la oscuridad, como una lucecita de ciudad que nadie nota porque todos están durmiendo? En ocasiones, ese es el panorama en la era digital. Ahora más que nunca es más fácil darle un altavoz a la estupidez humana, donde cualquier pensamiento, por trivial o absurdo que sea, puede propagarse al ritmo de un clic. Y en ese bullicio, nuestras opiniones racionales pueden parecer luces diminutas, perdidas en el abismo de las redes sociales.

A pesar de este caos, debemos mantener la perspectiva. En realidad, la idea «siatodista» sería que nos diera exactamente igual. Aunque, de todas maneras, en este mundo, donde parece que todos hablan a voces, debemos recordar que nuestras opiniones, enraizadas en el pensamiento crítico, valen tanto como las de cualquier otro. Como digo, el hecho de tener razón o no debería importarnos bien poco. Esa es una actitud que activa el «Sí a todo» de manera instantánea. Lo verdaderamente importante es el proceso de llegar a nuestras convicciones, cómo contrastamos información, cuestionamos y reflexionamos. No permitas que la tormenta de opiniones ajenas haga que dudes de tus propias convicciones.

Es tentador dejarse llevar por los que parecen tener todas las respuestas, aquellos que gritan sus pensamientos a los cuatro vientos. Sin embargo, que no te confundan, los gritos no equivalen a la verdad. El verdadero conocimiento radica en la humildad y la curiosidad, en el entendimiento de que siempre hay algo nuevo que aprender. Sócrates lo tenía claro: «Solo sé que no sé nada».

Las creencias son como las fundas de los sofás, protegen lo que creemos que es valioso. Pero necesitamos más que simples fundas para proteger nuestras opiniones, necesitamos el pensamiento crítico.

El pensamiento crítico es un proceso mental que implica analizar, evaluar y reflexionar sobre información y argumentos de manera objetiva y lógica, y con eso poder tomar decisiones informadas, esas que no te sacas de la manga, sino que lees y lees hasta desarrollar una comprensión más profunda de un tema o una situación. Eso incluye hacerse preguntas, detectar los prejuicios y echar un ojo a distintos puntos de vista antes de llegar a una conclusión.

Quizá deberíamos aprender de uno de los personajes literarios más perspicaces de todos los tiempos y sin duda uno de mis preferidos: Sherlock Holmes. El detective de la gorra de cazador y la lupa, ese raro alquimista de la mente que transformaba los indicios más triviales en conclusiones asombrosas. El otro día fui al edificio de Editorial Planeta, a reunirme con el equipo de chicas increíbles que se encarga de que cada uno de mis libros tenga forma y sentido, y al terminar la reunión cogí prestado una maravilla de libro que se llama *¿Cómo pensar como Sherlock Holmes?* Hacía ya años que le tenía el ojo puesto a este libro, pero jamás me había lanzado a por él. Cosas que pasan, la vida estaba esperando para regalarme esta versión de bolsillo que me llevé.

El libro me recordó, permitiéndome apartar mi imaginación de la fascinante intriga de cualquier novela de sir Arthur Conan Doyle, lo imprescindible que es el pensamiento crítico para este personaje, y lo sencillo que es aplicarlo en tu día a día para ser más feliz.

Holmes no solucionaba crímenes simplemente porque era brillante, lo hacía porque era un maestro del pensamiento crítico.

Cuando consigues aplicar este tipo de pensamiento a tu vida sientes algo parecido a cuando se te ocurre ponerle ruedas a tu sofá, de repente todo fluye y se vuelve más funcional. Cuestiona, analiza y duda, y así te asegurarás de que tus opiniones sean robustas y tengan valor no solo para ti, sino también para los demás. Este es sin duda para mí un gran punto para llegar a adquirir una actitud de «Sí a todo».

Y puede que pienses que, claro, si aplicas esta manera de ver el mundo, en muchas ocasiones puede ser que estés equivocado. ¿Y? Admitir el error o que hay otra perspectiva que no has considerado no es una señal de debilidad, sino de inteligencia y autoconocimiento.

Imagina por un segundo un Parlamento lleno de políticos que escuchan realmente a sus adversarios en vez de jugar al Candy Crush en sus móviles, y que, cuando se les presenta un argumento convincente, tienen la humildad y la sabiduría para decir: «Creo que usted tiene razón, y yo estaba equivocado». Eso sería un golpe de efecto, como encontrar un número de la lotería premiado en un viejo abrigo. Pero, claro, probablemente sea más fácil ver un elefante alado en el paseo de Gracia. La realidad, claro está, suele ser más compleja y menos cinematográfica. Sin embargo, nosotros, como individuos, tenemos el poder de demostrar este tipo de reflexión y crecimiento en nuestras propias vidas. Podemos demostrar que creemos en nuestras propias opiniones y que estamos dispuestos a cambiar y a crecer. Porque al final del día, cada opinión es una nota en la sinfonía del pensamiento humano, y cada una de ellas tiene el potencial de enriquecer la melodía con su singularidad.

Y AHORA, ALGO QUE NO HAS VISTO «JAMÁS»

Unos puntos que nos ayudarán a entender

En la orquesta de la evolución, nuestra habilidad para razonar es el violín solista que destaca sobre el resto. Aunque las máquinas puedan ejecutar tareas complejas, el poder de la reflexión y el análisis nos define como seres humanos. Después de todo, una tostadora, por ejemplo, puede brindarnos el dorado perfecto, pero jamás ponderará sobre la naturaleza de la existencia ni se perderá en la magia de la poesía.

El desafío del autómata. A pesar de portar esta luz brillante de la razón, corremos el riesgo de apagarla. Al dejarnos llevar por rutinas y creencias predeterminadas, nos convertimos en meras máquinas, aceptando la información sin el filtro del pensamiento crítico.

El dúo dinámico. Razón y emoción: si bien la razón es poderosa, no puede funcionar en solitario. Tal como los grandes pensadores proclamaron —Aristóteles, por ejemplo—, la razón y la emoción deben danzar juntas, equilibrando la lógica con la pasión. Somos emoción a tope, el que diga lo contrario, a lo mejor jamás se ha enamorado.

Afinar nuestra sinfonía interna. En un mundo inundado de datos y opiniones, el reto consiste en mantener la claridad de pensamiento sin perder nuestra esencia empática. Necesitamos afinar nuestras habilidades de discernimiento y escucha activa, permitiendo que la razón y la emoción fluyan en armonía.

Finalmente me gustaría creer que todo ser humano aspira a no ser un mero receptor de opiniones externas, sino que aspira a ser creador de opinión. ¿Si no de qué el éxito de Twitter? Todos nosotros aspiramos, muy probablemente, a pensar y sentir más allá de cualquier programación. No queremos ser simplemente tostadoras en un mundo digital, sino seres conscientes que contribuimos de alguna manera al gran concierto de la humanidad.

ADH QUE HARÁ QUE SIGAS COMO HASTA AHORA

La infalibilidad es un mito. Pero en un mundo donde a menudo se valora la certeza sobre la duda, muchos caen en la trampa de creer que siempre tienen la razón. Estas podrían ser algunas de tus creencias si caes en esta mentalidad:

«Si no estoy de acuerdo con alguien, es porque esa persona está equivocada».

«He leído y estudiado mucho sobre este tema, no hay manera de que pueda estar errado».

«Admitir que no tengo la razón es mostrar debilidad».

«Si cedo en una discusión, perderé el respeto de los demás».

«Es mejor proteger mi ego que cuestionar mis propias creencias».

Esa manía que tenemos los humanos, como de serie, de tener siempre la razón, puede convertirse en nuestro propio monstruo interior, al estilo de la creación del Dr. Frankenstein. En su afán de jugar a ser Dios, Victor Frankenstein crea una criatura que, a pesar de sus deseos de conexión y comprensión, se convierte en un ser atormentado debido a la intransigencia y el rechazo de su creador.

Bueno, a lo mejor esta comparación está un poco pillada con pinzas, pero lo que te quiero decir es que la necesidad constante de tener la razón puede alejarte de las personas y encerrarte en un ciclo de confrontación.

Además, esta actitud obstaculiza el aprendizaje. Al pensar que siempre tienes la razón, te cierras a nuevas ideas y perspectivas, limitando así tu capacidad para crecer personal y profesionalmente. Esta rigidez puede empujarte hacia un aislamiento similar al de la criatura de Frankenstein, separada de la sociedad y marginada debido a una incomprensión mutua. No solo eso, sino que también puede aumentar tu nivel de estrés y ansiedad, ya que el peso de tener que mantener una postura inmutable se vuelve una carga pesada.

ADH PARA ABRAZAR EL «SIATODISMO»

¿Qué pasaría si pudieras liberarte de la carga de tener siempre la razón? Si pudieras abrir tu mente a la posibilidad de aprender y crecer con cada conversación y experiencia, el mundo se transformaría ante tus ojos. Estos son algunos pensamientos para guiar tu viaje:

«Está bien no tener todas las respuestas, cada error es una oportunidad de aprendizaje».

«La verdadera sabiduría no viene de tener siempre la razón, sino de estar dispuesto a escuchar y adaptarse».

«Cuando libero mi necesidad de tener razón, abro espacio para la comprensión y la empatía».

«Admitir que me he equivocado no disminuye mi valor; muestra madurez y humildad».

«El ego puede ser un maestro, pero también un obstáculo. Es mi decisión elegir cómo actuar».

Una vez, durante una cena con amigos, me encontré en medio de un acalorado debate entre dos autodenominadas grandes chefs sobre la mejor manera de hacer una tortilla española. Una de mis amigas insistía en que el truco era añadir un poco de cebolla caramelizada, mientras que la otra sostenía que la receta tradicional sin cebolla era la verdadera forma de hacerla. Estaban tan atrincheradas en sus posiciones que el resto de la mesa comenzó a tomárselo como un espectáculo, alentándolas y apostando por quién cedería primero. Fue el hijo de siete años de un amigo quien, con una sonrisa traviesa, intervino: «¿Por qué no hacemos un concurso de tortillas?». Al final, con las chefs apeadas del burro, no hubo ningún concurso, las dos tortillas estaban brutales, como era de esperar, así que esa noche no solo disfrutamos de dos deliciosas tortillas, sino que también pude ver ante mis ojos una lección inestimable, aunque algo simplona, sobre la importancia de ceder y ver las cosas desde otra perspectiva.

Soltar el control y aceptar que no siempre tendrás la razón te permitirá vivir con menos estrés. No es un signo de debilidad, es una muestra de madurez y autoconciencia. Esto, a su vez, puede llevar a relaciones más saludables y enriquecedoras.

La humildad intelectual no solo es beneficiosa para ti, sino que también fomenta un ambiente donde otros se sienten libres de compartir sus pensamientos y opiniones sin temor a ser juzgados o desestimados. Aprender a escuchar activamente y considerar otros puntos de vista puede abrirte puertas a nuevos horizontes y perspectivas, y sinceramente es algo que cuesta mucho de ver.

Aceptar que todos somos humanos y que todos cometemos errores es liberador. Al reconocer tus propias limitaciones y apreciar la diversidad de pensamiento, estás dando pasos hacia una vida más rica y empática, llena de conexiones significativas y aprendizaje continuo. Y, quién sabe, tal vez descubras que hay más de una manera de hacer una tortilla perfecta.

UN HÁBITO PARA EL «SIATODISMO»

Práctica de la escucha activa mientras riegas tus plantas

Nuestra naturaleza humana, con su deseo innato de tener razón, a menudo puede bloquear la verdadera conexión con los demás. En este contexto, la escucha activa no es solo una habilidad, sino una forma de vida. Es el arte de estar completamente presente, ya sea en una conversación con otra persona o mientras observas y cuidas tus plantas, atendiendo a sus necesidades. Es por eso por lo que he escogido este hábito de entre tantos en vuestra lista, aunque reconozco que yo no lo tengo, pero me ha sido fácil ponerme en el papel y creo que te puede funcionar muy bien.

Permíteme contarte la inspiradora historia de Clara para poner luz a este tema. Esta historia es de mis preferidas, y mira que me llegan a contar historias gracias a mi profesión.

Clara siempre había sido conocida en la oficina como «la jefa de hierro». No porque fuera particularmente dura o estricta, sino porque siempre parecía tener todas las respuestas. Dirigía reuniones con la precisión de un metrónomo, y si algo salía mal, ella tenía planes B, C y D listos para poner en marcha. Sin embargo, había un pequeño detalle que le faltaba: escuchar.

No era que Clara no prestara atención. Simplemente, tenía la costumbre de adelantarse a los demás, de completar sus oraciones o de saltar con soluciones antes de que la persona terminara de expresar su problema. Y eso, aunque lo hacía con las mejores intenciones, a menudo silenciaba a su equipo.

Un día, mientras contemplaba el desorden en su despacho, se fijó en una pequeña maceta que le habían regalado en su cumpleaños. Era un cactus, y pese a que había estado en su escritorio durante meses, nunca realmente lo había «visto». Y, para su sorpresa, parecía estar... ¿triste? Los brazos del cactus se inclinaban y su color no era el verde brillante que recordaba.

Fue entonces cuando Clara tuvo una epifanía. Si no prestaba la atención adecuada a una planta de su escritorio, ¿qué otras cosas estaba pasando por alto? Y te lo cuento así, a lo tráiler picadito para no alargarme, aunque tú ya sabes de sobras que estas iluminaciones no son de un día para otro. La cuestión es que, con el tiempo, Clara decidió aprender sobre el cuidado de las plantas, y en ese proceso descubrió que, al igual que en las relaciones humanas, escuchar es clave. Las plantas, aunque no hablan, comunican sus necesidades. Un cambio en el color de las hojas, la inclinación hacia la luz, la tierra seca; todo son señales que, si se escuchan atentamente, nos dicen exactamente lo que la planta necesita.

Inspirada por esta revelación, Clara llevó esa misma actitud de escucha activa y cuidado a su equipo. En las reuniones, en lugar de anticiparse, comenzó a hacer pausas, a invitar a otros a compartir y realmente escuchar lo que tenían que decir. Y para su sorpresa, descubrió que su equipo estaba lleno de ideas brillantes y soluciones innovadoras que anteriormente se habían pasado por alto.

Con el tiempo, la oficina de Clara se convirtió en un jardín. No solo porque empezó a llenarse de plantas que prosperaban, sino porque las relaciones en su equipo florecieron como nunca lo habían hecho antes. Cada miembro se sintió valorado, escuchado y parte esencial del éxito de todo el equipo.

Y es que al igual que una planta necesita el riego adecuado para crecer, las relaciones humanas necesitan de escucha activa y atención genuina para prosperar. Al final del día, el éxito de un líder no se mide por cuánto habla, sino por cuánto escucha.

Pongámonos prácticos: «siatodismo» a través de la escucha activa y el cuidado de tus plantas

Objetivo: priorizar la comprensión y la atención plena en las relaciones y en la rutina diaria, ya sea en una conversación o mientras riegas tus plantas.

Observación y reflexión: ya sea después de una conversación o mientras decides si una planta necesita agua, tómate un momento para reflexionar sobre lo que has percibido y sentido. Si haces este ejercicio a menudo, sentirás acercarse el «siatodismo» a lo bestia.

Reto de la semana: durante tus conversaciones, comprométete a no interrumpir. Al regar tus plantas, dedica un tiempo a observarlas realmente antes de decidir cuánta agua necesitan.

Conexión emocional: reconoce cómo te sientes al escuchar activamente y al cuidar tus plantas. Ambas acciones nutren y fortalecen las relaciones, ya sean interpersonales o con la naturaleza.

Atención plena: en cada conversación, haz una pregunta para clarificar y comprender mejor. Mientras riegas tus plantas, siente el momento presente y conecta con su ciclo de vida.

Agradecimiento y reconocimiento: aprecia cuando alguien te ofrece una nueva perspectiva o cuando notas el crecimiento de tus plantas gracias a tu cuidado.

La escucha activa, al igual que el acto consciente de regar tus plantas, requiere dejar a un lado el ego y conectarse de verdad con el momento presente. Ambas prácticas nos enseñan a valorar la diversidad, comprender necesidades y celebrar el crecimiento. Es el «siatodismo» en acción, conectando el arte de la escucha con el cuidado y la atención diaria.

Y AHORA, UN RESUMEN PARA QUE QUEDE TODO CLARO

En la era digital, las opiniones racionales pueden perderse entre el ruido de las redes. La reflexión y el pensamiento crítico, ejemplificados por Sócrates y Sherlock Holmes, son esenciales. La capacidad de razonar nos distingue de las máquinas. Es vital equilibrar razón y emoción en nuestra interacción con el mundo.

LA FRASE INSTAGRAMEABLE

En la diversidad de opiniones florece el jardín del aprendizaje y la empatía.

VI. CLAVE PARA «SÍ A TODO»: AUTODISCIPLINA

MÁS REGULAR QUE UN RELOJ... ¡ESTROPEADO!

CAPÍTULO 8

El del día que fui a pescar... peces

He hablado de lo desastre que era un día mío antes de ponerme a superar la ansiedad mil veces en otros libros, tantas veces que la verdad me da hasta reparo ponerme a contar aquí el maldito desorden que gobernaba mi vida hace unos años. Pero te contaré la historia de un día que fui a pescar. Sí, a pescar. Ahora mismo los que me conocen estarán pensando que eso es imposible, que ¿qué narices va a ir a pescar un urbanita como yo que no quiere prácticamente ni salir a tres kilómetros alrededor de su casa?

Pues sí, un día mi abuelo, en paz descanse, decidió que me llevaba a pescar. Ya habíamos ido varias veces cuando era solo un crío, y en la Costa Brava había más conchas que turistas. Es posible que no pisaras la Costa Brava en los noventa, si es así, tienes que saber que hundías la mano en la arena y sacabas un buen puñado de conchas.

Nos montamos en su viejo Renault 5 y nos dirigimos a ver si éramos capaces de sacar algún pez del mar.

En la playa, con el sol todavía escondido detrás del horizonte y el mar tranquilo, mi abuelo comenzó a preparar todo el equipo. Yo, por supuesto, me sentía fuera de lugar, con mis zapatos urbanos llenos de arena y mi paciencia agotándose con cada minuto que pasaba sin ver una sola señal de bestias marinas.

Mientras él desenrollaba la línea y ajustaba el cebo, yo bostezaba y me quejaba por el frío, pensando en las mil y una cosas que preferiría estar haciendo en lugar de esperar a que un pez mordiera el anzuelo. Sin embargo, de lo que fui consciente mientras pasaban las horas, fue de la inquebrantable determinación y disciplina de mi abuelo.

En cada lanzamiento seguía un proceso: calcular la dirección del viento y la corriente del agua, ajustar la longitud de la línea. Y luego esperaba. A veces, los peces picaban rápido, otras veces tardaban horas. Pero la constancia de mi abuelo nunca flaqueaba. Tenía una capacidad de mirar a la nada absolutamente increíble. No sé si es que realmente conectaba con esa habitación blanca, de la que habla Marian Rojas Estapé, que tenemos los hombres o que se perdía en una rumiación silenciosa e infinita. Estapé dice que cuando los hombres decimos que no pensamos en nada es cierto, que tenemos un lugar mental donde nos escapamos y somos capaces de dejar de pensar. Busca el vídeo en YouTube, te encantará. En mi caso te diré que solo he vuelto a ver esta habilidad en un pueblo perdido de Lérida donde tuve la ocasión de ver a dos abuelos sentados en la terraza de un bar, uno al lado del otro, sin decir ni pío y mirando al horizonte durante hora y media. Solo rompieron su silencio una vez para decir «¡Ep, joven!» a otro señor de setenta años que cruzaba por la calle. Pero bueno, esa es otra historia, que me despisto. La cuestión es que, después de horas sin suerte, sugerí que nos rindiéramos y volviéramos a casa. Él simplemente sonrió y dijo: «En la pesca, al igual que en la vida, no se trata de la captura inmediata, sino de la paciencia y la disciplina que inviertes en el proceso».

Al final del día regresamos a casa con un par de peces. No era el gran alijo que había imaginado, pero había algo más valioso que había capturado ese día: la lección sobre la importancia de la disciplina. Así como un reloj estropeado aún puede mostrar la hora correcta dos veces al día, solo a través de la autodisciplina y la constancia puedes esperar que el universo se alinee a tu favor más a menudo.

La pesca, en su esencia, es una metáfora de la vida. Las recompensas no siempre vienen rápida o fácilmente. En muchas ocasiones es la disciplina, más que el talento o la suerte, lo que determina nuestro éxito. Y así, aunque al principio lo viera como un aburrido día fuera de mi zona de confort, terminó siendo una invaluable lección que mi abuelo me impartió: la autodisciplina es el anzuelo con el que atrapamos las oportunidades en el vasto mar de la vida.

SÍ A LA AUTODISCIPLINA

A través del silencio del tiempo, los relojes marcan un ritmo constante, un tictac que nos recuerda la fugacidad de la vida. Pero ¿qué sucede cuando ese reloj se estropea? De pronto, la precisión se pierde y el tiempo parece detenerse o correr a velocidades desconocidas. Me he puesto poético, lo sé..., aunque reconoce que me ha quedado bonito. La cuestión es que es más o menos así como muchas veces creo que sentimos nuestra autodisciplina: idealmente debería ser regular y constante, pero en la práctica nos encontramos con altibajos, con momentos en los que el impulso se desvanece y la procrastinación toma el control, y es lo más normal del mundo, aunque los *entrepeneurs* de las redes te hagan creer lo contrario.

La autodisciplina es esa capacidad de decir «no» a las distracciones, «sí» al esfuerzo y de mantener el foco incluso cuando las tentaciones se interponen. Es la piedra angular del éxito y el progreso, como bien sabían los estoicos, que defendían la idea de que el autodominio es el camino hacia la verdadera libertad. Sin embargo, en nuestra era de gratificación instantánea, donde todo parece estar a un clic de distancia, la autodisciplina se ve amenazada. Según un estudio de Microsoft del 2015, el período de atención promedio del ser humano ha disminuido de doce segundos desde el año 2000 a ocho segundos, lo que creo que debe ser incluso menos que el de Dory en *Buscando a Nemo*. Con notificaciones constantes y mundos virtuales diseñados para capturar nuestra atención, mantener el enfoque se convierte en una tarea hercúlea.

Y, paradójicamente, cuanto más nos sumergimos en este océano de distracciones, más nos alejamos de la verdadera esencia de lo que significa ser humano. Porque si bien es cierto que el *Homo sapiens* es un ser social y curioso, también es un ser con metas, aspiraciones y sueños que requieren esfuerzo y constancia.

Así que el reto es claro: en medio de un mundo que nos invita al desenfreno, debemos cultivar nuestra autodisciplina. No se trata de ser máquinas programadas, sino de entender que la verdadera libertad no radica en ceder a todos los impulsos, sino en poder elegir cuáles seguir y cuáles no. Como un reloj bien calibrado, debemos encontrar ese ritmo interno que nos guíe hacia nuestros objetivos y, así, marcar nuestro propio tictac en la danza del tiempo.

Y AHORA, ALGO QUE NO HAS VISTO «JAMÁS»

Unos puntos que nos ayudarán a entender

La autodisciplina es el baile que nos permite movernos con gracia y propósito en la vida. Pero en este escenario moderno, con luces parpadeantes y distracciones en cada esquina, mantener el ritmo y no perder el paso se convierte en todo un desafío.

El telón de fondo de nuestra época. La tecnología, con sus brillantes pantallas y promesas de gratificación instantánea, es un bailarín que fácilmente puede sacarnos del ritmo natural que te hace sentir bien. Por un lado, nos acerca a escenarios nunca imaginados, y eso es genial y tenemos que saber aprovecharlo. Por otro, puede hacernos olvidar nuestra propia danza, así que pon atención.

El verdadero baile de la autodisciplina. La primera vista, la autodisciplina puede parecer un paso restrictivo, pero en realidad es una danza liberadora. Nos otorga la libertad de movernos con intención, de elegir nuestra dirección y de bailar hacia nuestras aspiraciones con determinación. Siempre y cuando seamos capaces de tener un equilibro entre una cosa y la otra.

Encarar nuestros desafíos en el escenario. Ser consciente de las luces distractoras es el primer paso. Luego, debemos tomar medidas: desde técnicas de gestión del tiempo hasta momentos de desconexión digital, cada acción nos acerca a dominar nuestra coreografía.

Bailar al ritmo de nuestro interior. Al final del acto, la autodisciplina no es solo una serie de movimientos técnicos. Es una expresión de quiénes somos, una conexión con nuestro propósito y una representación de nuestra esencia.

Abajo el telón. Si bien la era digital ha cambiado la música de fondo, también nos ha dado nuevos pasos y movimientos para explorar. Con la autodisciplina en acción, podemos aprender a bailar con gracia y propósito, independientemente de las distracciones que nos lleguen.

ADH QUE HARÁ QUE SIGAS COMO HASTA AHORA

La autodisciplina es una herramienta poderosa, pero, como cualquier herramienta, mal usada puede causar daño. El extremo de la falta de disciplina y el otro extremo de la autoexigencia pueden oscurecer el potencial verdadero de esta habilidad. Las creencias que pueden surgir en estos extremos son:

«Si me relajo un poco, todo se derrumbará».
«No he hecho lo suficiente; siempre podría haber hecho más».
«Un día sin ser productivo es un día perdido».
«No merezco descansar hasta haber cumplido con todas mis tareas».
«Si no me empujo al límite, no estoy dando lo mejor de mí».

Cuando era adolescente me perdía durante horas en la tienda de cómics del barrio. No tenía mucho dinero para comprar más que algunos cómics en formato grapas de cinco euros, así que disfrutaba pasando horas hablando con los asiduos de la tienda y mirando las novedades por encima. En una de esas, cayó en mis manos la primera edición de *One Piece*, el aclamado manga de Eiichirō Oda que hace poco se ha convertido en serie de éxito en Netflix. En las aventuras de Monkey D. Luffy y su tripulación, encontré un patrón que había visto años atrás en los dibujos de *Dragon Ball* en la tele, pero multiplicado por mil. En su búsqueda del One Piece, este grupo de amigos se enfrentan constantemente a desafíos que requieren disciplina y determinación. Pero lo que más me gusta del mensaje de este manga es cómo Luffy, a pesar de su inquebrantable determinación, sabe cuándo reír, descansar y confiar en sus amigos. Es un recordatorio de que, aunque la disciplina es esencial, también lo es reconocer nuestros límites y cuidarnos.

El no ser disciplinado puede llevar a la procrastinación, la falta de realización y el estancamiento personal. Por otro lado, la autoexigencia extrema puede desencadenar el agotamiento, el estrés y una sensación constante de insuficiencia. Séneca nos decía: «El tiempo, cuando no se le controla, se vuelve enemigo». Reconocer la importancia de gestionar nuestro tiempo y esfuerzos se convierte en un elemento crucial para nuestra salud mental y física.

Estos pensamientos no solo afectan al bienestar mental y emocional, sino que también pueden tener un impacto negativo en la salud física. La tensión y el estrés crónico, combinados con la falta de descanso adecuado, pueden llevar a problemas de salud a largo plazo. Tal como Luffy aprende en su viaje hacia el One Piece, encontrar el equilibrio entre perseverancia y cuidado personal es esencial para navegar los mares turbulentos de la vida.

ADH PARA ABRAZAR EL «SIATODISMO»

Cuando se equilibra adecuadamente, la autodisciplina puede ser uno de los mayores regalos para la mente humana. Estos pensamientos pueden guiar el camino hacia una disciplina saludable:

«La autodisciplina me permite alcanzar mis objetivos, pero también sé cuándo es el momento de descansar».

«Establecer límites es una señal de respeto hacia mí mismo y mi bienestar».

«La disciplina no es rigidez; es una estructura que me permite ser libre».

«Es esencial equilibrar el trabajo y el juego para una vida plena».
«Mis esfuerzos son valiosos, pero mi bienestar es primordial».

Estaba buscando un ejemplo para hablarte de este tema y no lo encontraba, hasta que la inconfundible voz de Madonna cantando *Like a Prayer* desde el despacho de al lado se ha colado en el mío. La Reina del Pop, te puede gustar más o menos (yo no soy especialmente un fan), ha demostrado a lo largo de su carrera tener una autodisciplina y determinación envidiables, adaptándose a las tendencias cambiantes y manteniéndose relevante durante décadas. Es curioso cómo a veces allá donde miremos puede salir un ejemplo de actitud vital «siatodista». Madonna es un claro ejemplo de cómo la disciplina y el compromiso con uno mismo pueden llevar a niveles inimaginables de éxito.

La autodisciplina cuando la mantenemos en un sano equilibrio ofrece claridad mental, impulsa la motivación y establece una base para la realización personal. No se trata de restringirte o limitarte, sino de proporcionarte la estructura necesaria para prosperar.

Una mente disciplinada puede enfocarse en las tareas sin distraerse, y este enfoque puede ser la clave para la maestría en cualquier campo. Además, permite un equilibrio entre el trabajo, el descanso y el ocio, lo que se traduce en una vida más armoniosa.

Se dice que el filósofo estoico Epicteto afirmaba que «no son las cosas las que nos perturban, sino nuestra interpretación de su significado». La autodisciplina saludable, en este sentido, no es una restricción, sino una elección consciente para interpretar y manejar nuestras acciones de una manera que refleje nuestro respeto propio.

La autodisciplina saludable es un acto de autoamor. Significa respetarte lo suficiente como para seguir tu camino, pero también ser lo suficientemente sabio como para reconocer cuándo necesitas un descanso.

Un hábito para el «siatodismo»

Establecimiento de rutinas matutinas mientras friegas los platos

La autodisciplina y la reflexión son esenciales para el «siatodismo», y las rutinas matutinas ofrecen una oportunidad única para cultivar ambas. Al igual que las mañanas determinan el tono para el resto del día, las acciones diarias, como fregar los platos, pueden convertirse en momentos de reflexión y disciplina.

Me acuerdo muy bien de Luis, un chico que acudió a mí hace unos años. Luis siempre había sido de esos jóvenes que parecían tener todo bajo control. A sus treinta años había fundado dos *startups*, viajado por el mundo y siempre parecía estar un paso por delante del resto. Sin embargo, había una sombra que oscurecía su exitosa fachada: la ansiedad.

Cada vez que las cosas no salían como él esperaba, su mente comenzaba a generar una tormenta de pensamientos caóticos. Y aunque sus negocios prosperaban, su bienestar interno parecía marchitarse.

Un día, agotado, acudió a mí buscando respuestas. Le hablé de la importancia de establecer rutinas matutinas. «¿Rutinas? ¡Pero si yo siempre estoy en movimiento!», protestó. Le insistí en probar. «Medita, haz ejercicio, planifica tu día y verás como todo cambia», le recomendé.

Al principio, Luis era escéptico al respecto. Pero tras unas semanas de seguir el ritual matutino empezó a notar una diferencia. Se sentía más centrado, sus niveles de ansiedad disminuyeron, y lo que es más importante, comenzó a disfrutar de los pequeños momentos.

Sin embargo, fue una noche, mientras estaba en la cocina, cuando tuvo su mayor revelación. Mirando el montón de platos sucios en el fregadero, recordó algo que le había dicho un viejo amigo: «Fregar los platos no es solo una tarea, puede ser un acto meditativo».

Con escepticismo, pero dispuesto a probar, Luis comenzó a lavar los platos. Con cada plato que enjabonaba, respiraba profundamente, sintiendo el agua caliente en sus manos, escuchando el sonido de las burbujas y perdiéndose en la repetición del acto. Y en ese sencillo proceso, Luis encontró una forma inesperada de autodisciplina y reflexión.

Para Luis, fregar los platos ya no era una molesta tarea, sino una oportunidad para conectar consigo mismo, para ejercer la autodisciplina y mantener la mente en calma.

Y es que, a veces, la paz interior no se encuentra en las grandes acciones, sino en las tareas cotidianas que a menudo pasamos por alto. La autodisciplina y la reflexión pueden encontrarse en los lugares más inesperados, como un fregadero lleno de platos.

Pongámonos prácticos: «siatodismo» a través de rutinas matutinas y mientras friegas

Objetivo: integrar autodisciplina y reflexión en tu rutina diaria, tanto al inicio del día como en las tareas cotidianas.

Planifica tu mañana y tus tareas: ya sea meditación, lectura o ejercicio por la mañana y, luego, mientras friegas, dedica un momento para reflexionar sobre tu día.

Conexión con tus sentimientos: ya sea después de tu rutina matutina o mientras friegas, reconoce cómo te sientes. ¿Experimentas una sensación de logro? ¿De claridad? ¿O a lo mejor sientes impaciencia o aburrimiento? Sea como sea, conecta con esa emoción y acéptala.

Adapta y aprende: si algo no funciona en tu rutina o en tu enfoque reflexivo mientras friegas, ajústalo. Busca siempre la mejora.

Celebra tu consistencia: reconoce tu compromiso con la autodisciplina, ya sea siguiendo una rutina matutina o transformando tareas cotidianas en momentos de reflexión.

Tanto si empiezas el día con intención o aprovechando momentos cotidianos como fregar los platos, puedes cultivar la autodisciplina y la reflexión en tu vida diaria. Ambos hábitos, aunque diferentes en su ejecución, te ofrecen la oportunidad de pausar, evaluar y mejorar. Esto es «siatodismo» en acción: el compromiso continuo con el crecimiento personal y la autodisciplina.

Y AHORA, UN RESUMEN PARA QUE QUEDE TODO CLARO

La autodisciplina es la habilidad de resistir distracciones y mantener el enfoque, esencial para el éxito y el autodominio. En un mundo de gratificación instantánea, nuestra capacidad de concentración está disminuyendo. Es vital resistir al torrente de distracciones para conectarnos con nuestra esencia humana y perseguir metas. La verdadera libertad radica en elegir qué impulsos seguir y cuáles no.

LA FRASE INSTAGRAMEABLE

La autodisciplina no es una cadena, sino el puente hacia la libertad de la mente y el bienestar del alma.

VII. CLAVE PARA «SÍ A TODO»: RESILIENCIA

RESILIENCIA: ¿REBOTAR? ¡MÁS QUE UNA PELOTA DE GOMA!

CAPÍTULO 9

El del día que descubrí que podía «hostiarme» y seguir de pie

Ahora os voy a contar la anécdota de cuando, como muchas otras veces, la vida me ofreció limones y decidí, con un poco de azúcar y mucha obstinación, hacer limonada.

Tras dejar atrás una relación de quince años me encontré como un soltero responsable de dos pequeñas criaturas con infinita energía. Vamos a omitir el cotilleo sobre la custodia y por qué tenía las niñas a mi cargo al cien por cien. El hecho es que, en el mismo momento que cuidaba de mis dos monstruitos, estaba intentando aterrizar un emprendimiento al que llamé, con cierta ironía, BYE BYE ANSIEDAD, mientras mi cartera mostraba signos de anorexia.

Mi solución de emergencia: mudarme con mis padres, que, entre consejos no solicitados y abrazos necesarios, me ayudaron con mis hijas. Gracias a ese apoyo conseguí un trabajo en una escuela que, aunque no prometía hacerme millonario, al menos mantenía el barco a flote.

Un colega, probablemente inspirado por algún programa de emprendedores, me sugirió que compartiera mis batallas contra la ansiedad con charlas gratuitas. «¿Gratis? —pensé—, ¡no tengo ni para el café!». Pero aquí es donde entró la resiliencia en escena, ese superpoder que todos tenemos, pero que olvidamos activar. Esa capacidad de estar en la mierda pero levantar la cabeza y tirar para adelante con más fuerza. Me di cuenta de que podía hacer estas charlas en cualquier lado, ¡hasta en el parque o en una cafetería, así a lo mejor hasta sacaba el café gratis! Y para sorpresa de todos (sobre todo la mía), la gente comenzó a acudir en masa.

Opté por sacrificar algunos placeres, como el chocolate después de cenar. Finalmente decidí sacrificar directamente la cena y redirigí ese dinero a promocionar mis charlas. Sin quererlo hice un microayuno obligatorio, que mal no me vino, la verdad. Y, como por arte de magia, todo empezó a fluir. Menos de dos años después estaba saldando deudas y mi balance emocional y financiero volvía al verde.

Tengo que citar a C. S. Lewis aquí, cuando dijo eso de: «Para avanzar, hay que dejar algunas cosas atrás». O mejor aún, tomando palabras de Churchill: «El truco está en caerte y levantarte con una sonrisa». En mi historia, la resiliencia no fue solo una chispa, fue todo un fuego artificial.

Sí a la resiliencia

El otro día me quedé embobado mirando a mi hijo lanzar contra el suelo con todas sus fuerzas una de esas pelotas locas de plástico y reírse a carcajadas al ver cómo rebotaba contra el suelo y parte del mobiliario.

Lo fascinante de esas pelotas es que, sin importar cuánta fuerza uses, siempre rebotan desafiando la gravedad y volviendo a nuestras manos o rompiendo alguna lámpara. Y allí, sentado en el suelo mirando a mi hijo divertirse, me di cuenta de que en realidad es una metáfora perfecta para la resiliencia, esa capacidad innata del ser humano para afrontar las adversidades, caer y luego levantarse con una determinación renovada.

La resiliencia es mucho más que simples palabras de aliento o pensamientos positivos. Es una interacción compleja entre nuestra psicología, nuestra biología y nuestro entorno. Me explicaré. En neurología hay estudios que sugieren que las personas resilientes tienen una actividad más pronunciada en ciertas áreas del cerebro, como el córtex prefrontal, que se asocia con la planificación, el juicio y la autorregulación.

Pero vamos un poco más allá de la neurociencia, miremos también en la filosofía del ser humano ante la adversidad. Viktor Frankl, un psiquiatra que sobrevivió al Holocausto y que, en su obra *El hombre en busca de sentido*, argumenta que el sentido y propósito en la vida pueden encontrarse incluso en las circunstancias más atroces, sostiene que nuestra capacidad para encontrar significado es lo que nos permite seguir adelante, incluso cuando todo parece perdido.

En la sociedad actual, en la que muchas veces se promueve la idea de obtener resultados rápidos con el mínimo esfuerzo, la cultura del esfuerzo y la perseverancia se ven eclipsadas. Lo hemos visto antes hablando de la autodisciplina. Hoy se nos vende la idea de que todo debe ser instantáneo, desde nuestra comida hasta el éxito. En este contexto, admitir que nos hemos enfrentado a adversidades, que hemos luchado y que a veces hemos fallado, parece ir en contra de la narrativa dominante. Es muy americano lo de alabar las hostias que te das en la vida y entenderlas como aprendizajes, pero aquí en España, si te equivocas, el mundo te ve como un *loser* que no hará nada en su vida. Es precisamente en ese enfrentamiento, en esa capacidad de persistir a pesar de las adversidades, donde encontramos la verdadera esencia de la resiliencia.

La resiliencia no es solo una herramienta de supervivencia personal, sino también un recordatorio de la importancia de la tenacidad y el esfuerzo sostenido. Y así, como la pelota de goma, nos levantamos no solo porque es nuestra naturaleza, sino porque en ese acto de rebote, en esa resistencia contra la gravedad de nuestras circunstancias, encontramos nuestra verdadera esencia y propósito.

Y AHORA, ALGO QUE NO HAS VISTO «JAMÁS»

Unos puntos que nos ayudarán a entender

En la historia de la humanidad, supongo —y digo supongo porque realmente no he estado todo el tiempo, así que no tengo la certeza—, los momentos de adversidad y crisis han sido constantes. Desde imperios caídos hasta desafíos personales, todos nos enfrentamos a momentos donde todo parece estar en contra. Sin embargo, algo intrínsecamente humano nos permite levantarnos una y otra vez, desafiando las expectativas. Y no se trata solo de una respuesta biológica, sino que consiste también en una profunda conexión con nuestro propósito y nuestro lugar en el cosmos.

Descubrir el propósito en el desafío. La vida es un mosaico de experiencias, algunas luminosas y otras desafiantes y oscuras. Pero es precisamente en estas últimas donde se esconde una oportunidad única de crecimiento y autoconocimiento. La adversidad, en su naturaleza cruda, tiene el poder de sacudirnos, de desorientarnos y, a veces, de hacernos caer. Sin embargo, también nos empuja a refinar nuestra visión y a despejar las distracciones que oscurecen nuestra comprensión de lo que verdaderamente importa.

Cada desafío es una oportunidad disfrazada. Cuando nos enfrentamos a la adversidad se nos presenta la ocasión de reflexionar sobre nuestras prioridades, sobre lo que da significado a nuestra existencia y sobre qué tipo de legado queremos dejar atrás.

Fomentar la fortaleza interna. Más allá del vigor físico, es esencial cultivar una robustez mental y emocional. Esta fortaleza nos equipa para enfrentar desafíos y se construye a través de vivencias anteriores, el aprendizaje constante y el respaldo de quienes nos rodean. Por ejemplo, imagina a una persona que ha hecho frente a repetidos fracasos en sus intentos de crear un negocio. En lugar de rendirse, usa esos fracasos como lecciones, asiste a cursos para mejorar sus habilidades y se apoya en mentores y colegas para fortalecerse y prepararse para el próximo desafío.

Más que simplemente resistir, la resiliencia habla de adaptarse. En nuestro mundo en evolución, la habilidad para ajustarnos y extraer lecciones de las circunstancias es clave para una recuperación efectiva. Piensa en los emigrantes que, al llegar a un nuevo país, tienen que aprender un nuevo idioma, costumbres y formas de trabajo. Su éxito no se basa solo en resistir el choque cultural, sino en adaptarse rápidamente a su nuevo entorno, incorporando lo nuevo sin perder su esencia.

Reconocer y valorar la jornada. Aunque vivamos en tiempos de recompensas inmediatas, es vital entender que detrás de las grandes historias suele haber episodios de adversidad y esfuerzo. Apreciar cada etapa del camino, incluso las más difíciles, enriquece nuestra resiliencia. Tomemos como ejemplo a cualquier artista reconocido. Detrás de su éxito hay incontables horas de práctica, rechazos y críticas. Al valorar esos momentos difíciles, no solo como obstáculos sino como parte esencial de su trayectoria, pueden continuar con una determinación aún mayor.

La resiliencia no es simplemente el arte de rebotar como una pelota. Es más como tener el manual de instrucciones para montar un Lego y, en lugar de lanzarlo al aire frustrado, seguir paso a paso con determinación y una sonrisa. No es solo un truco de magia para levantarse tras un resbalón, sino ese superpoder que nos hace buscar sentido y fuerza cuando el guion de la vida parece estar escrito por un guionista aficionado, que vaya si sucede esto veces. Cultivar nuestra resiliencia es como darles una palmada en la espalda a todas las personas del pasado que nos demostraron que se puede pasar por el fuego y salir con un bronceado fabuloso.

ADH QUE HARÁ QUE SIGAS COMO HASTA AHORA

La vida está llena de desafíos y obstáculos que, a veces, pueden experimentarse de manera abrumadora. Enfrentarse al fracaso y la adversidad puede ser difícil, y el desánimo puede nublar nuestro juicio. Las creencias que surgen de la rendición y el desánimo incluyen:

«Siempre fallo, no tiene sentido intentarlo de nuevo».
«La vida es demasiado dura; no puedo manejarlo».
«No soy lo suficientemente bueno para superar esto».
«Siempre tendré mala suerte».
«¿Por qué molestarse si siempre termino herido?».

Una vez, durante una cena desastrosamente larga en Madrid, alguien comenzó a hablar sobre Michael Jordan. Todos sabemos que fue, y sigue siendo, una leyenda del baloncesto. Pero me quedé pensando en una de sus frases, la cual hacía tan solo unos días que había escuchado en un documental dedicado a él; de ahí la conversación interminable durante la cena. La frase decía: «He fallado una y otra vez en mi vida, y es por eso por lo que tengo éxito». Para alguien como yo, que tiene la coordinación de uno de esos pingüinos camareros de Mary Poppins, el baloncesto es un misterio, pero esa frase me resonó.

Rendirse ante la adversidad y no intentar levantarse conduce a una vida de estancamiento y resignación; el pesimismo se arraiga y, antes de que te des cuenta, estás debatiendo si vale la pena cambiar la bombilla fundida del baño. Y sabes que eso sucede, todos alguna vez hemos estado en esa situación.

La incapacidad para enfrentar y superar obstáculos puede tener un impacto bastante deprimente en nuestra salud mental y emocional. Con el tiempo, esta mentalidad puede hacer que te sientas más aislado que la ensalada en un bufé de carnes. Además, si no eres resiliente, tus relaciones personales y profesionales podrían sufrir. Es probable que comiences a evitar situaciones que consideres amenazantes, como reuniones familiares o, en mi caso, tiendas de ropa con la música a nivel discoteca.

Pero ojo, porque, como todo, esto se puede convertir en realmente peligroso cuando lo alargamos en el tiempo, ya que ese continuo acto de rendición puede oscurecer nuestras capacidades. Con cada oportunidad no tomada o reto no enfrentado, la confianza disminuye, algo similar a cómo me siento cada vez que intento entender el reguetón. Pero, en serio, al final acabas preguntándote «¿qué habría pasado si...?» más veces de las que te gustaría admitir.

ADH PARA ABRAZAR EL «SIATODISMO»

La resiliencia es la capacidad de recuperarse y adaptarse ante la adversidad, y es una de las cualidades más valiosas que podemos cultivar. Estos pensamientos pueden iluminar el camino hacia una resiliencia fortalecida:

«Cada desafío es una oportunidad para crecer y aprender».

«Me levantaré, sin importar cuántas veces caiga».

«La adversidad es temporal; mi determinación es permanente».

«Reconozco mis heridas, pero también reconozco mi capacidad para sanar y avanzar».

«Soy más fuerte y capaz de lo que alguna vez imaginé».

La resiliencia tiene un símil con aquella vez que intenté hacer pan casero. Sí, sé que suena curioso, pero quédate conmigo. Después de horas siguiendo la receta al pie de la letra, esperando ansiosamente que la masa subiera, terminé con una *baguette* que más bien parecía un ladrillo que una hogaza de pan. Podría haber jurado no acercarme a la cocina nunca más. Pero, ¿sabes qué?, decidí intentarlo de nuevo. Y después de varios intentos (y algunos panes que bien podrían haberse usado como arma letal), finalmente logré hacer un pan esponjoso y delicioso. Esa experiencia, aunque trivial, me enseñó una lección importante: el fracaso es simplemente una oportunidad para aprender y mejorar.

La resiliencia nos brinda una perspectiva positiva ante las dificultades. Nos permite ver más allá del momento presente y reconocer que, con el tiempo y el esfuerzo, podemos superar cualquier obstáculo. Ser resiliente no significa no sentir dolor o tristeza, sino tener la habilidad de moverse a través de estos sentimientos y emerger aún más fuertes.

La resiliencia se construye a través de experiencias, autorreflexión y una actitud proactiva, «siatodismo» a todo trapo. Al igual que con mi aventura con la máquina de hacer pan, ser resiliente significa abrazar la vida con todos sus altibajos, sabiendo que cada experiencia, ya sea positiva o negativa, es una oportunidad para aprender y crecer. Y quién sabe, quizá después de todo encuentres la receta perfecta para afrontar los desafíos de la vida.

Un hábito para el «siatodismo»

La reflexión diaria mientras ordenas

La resiliencia y el crecimiento personal son el resultado de aprender, adaptarse y prosperar a partir de las experiencias a las que nos enfrentamos. Tanto la reflexión diaria como el acto de ordenar proporcionan momentos valiosos para examinar, evaluar y mejorar.

Recuerdo muy bien al hablar de este tema la historia de mi amiga Elena y su escritorio del caos.

Desde que Elena entró en el mundo laboral, cada desafío parecía ser un nuevo obstáculo en su carrera. Para muchos, ella era simplemente una trabajadora más, pero Elena sabía que cada experiencia estaba tallando su carácter y determinando su camino.

Sin embargo, con el tiempo, Elena comenzó a sentir que los desafíos laborales empezaban a sobrepasarla. Se sentía abrumada, desconcertada, y su escritorio desordenado era un reflejo de ese caos interno.

Un día, después de un particularmente difícil encuentro con un colega, Elena se sentó en su silla y, en lugar de lamentarse, comenzó a ordenar su escritorio. Papeles que se habían acumulado, clips esparcidos y notas adhesivas por todos lados. Pero, a medida que lo reorganizaba todo, algo mágico ocurrió.

Cada objeto que ponía en su lugar era como repasar un evento del día. Al reorganizar su agenda, reflexionó sobre una reunión; al guardar un informe, recordó una tarea bien hecha; al limpiar las migas de su tentempié, sonrió al recordar una charla con una amiga en la oficina.

Al final del proceso no solo tenía un escritorio impecable, sino una perspectiva renovada sobre su día. Este ritual diario de ordenar su espacio se convirtió en un hábito. Incluso llegó a aplicarlo a su bolso, donde, entre recibos y cosméticos, encontraba pequeños momentos de introspección.

Para Elena, el orden no era solo estético, era terapéutico. Cada vez que organizaba, identificaba patrones en su comportamiento, reconocía sus logros y encontraba áreas de mejora.

Y es que creo que está más que claro que en el acto más simple de ordenar nuestro espacio podemos encontrar claridad en nuestro caos interno. No subestimemos el poder de un espacio organizado para proporcionar una mente organizada.

Prácticas para fomentar la resiliencia y el crecimiento a través de la reflexión y el ordenamiento:

Diario del orden: al igual que anotas tus reflexiones diarias, haz una lista de las cosas que decides mantener o descartar mientras ordenas. Esto puede actuar como una metáfora de las emociones y experiencias que eliges conservar o liberar.

Reto de la semana: dedica tiempo cada noche a ordenar una parte de tu espacio mientras reflexionas sobre un desafío que afrontaste ese día. Observa cómo percibes tu mente y tu espacio al final de la semana.

Evaluación continua: a medida que ordenas y reflexionas, pregúntate: ¿Qué puedo aprender de hoy? ¿Hay algo en mi espacio o en mi vida que ya no sirva a mis propósitos?

Busca patrones: al igual que identificarías patrones en tus reacciones emocionales, observa patrones en el desorden. ¿Hay áreas específicas que siempre se desordenan? ¿Qué dice eso sobre tus hábitos diarios?

Celebra la claridad: reconoce el orden físico y mental que logras a través de estas prácticas. Celebrar estos pequeños logros refuerza tu compromiso con el crecimiento personal.

Tanto la reflexión diaria como el acto de ordenar son herramientas poderosas para la resiliencia. Cada uno a su manera proporciona un espacio para pausar, asimilar y planificar. Al integrar estos hábitos en tu rutina diaria, te fortaleces para abrazar el «siatodismo», preparándote para crecer y prosperar ante los desafíos que se presenten.

Y AHORA, UN RESUMEN PARA QUE QUEDE TODO CLARO

Al ver a tu hijo jugar con una pelota que no para de rebotar, te das cuenta de lo que es la resiliencia: esa chispa que tenemos para levantarnos después de un tropezón. No es solo un tema de tener buena vibra, es todo un combo entre nuestra cabeza, cómo estamos hechos y lo que nos rodea. Viktor Frankl decía que lo que nos mantiene en pie es encontrarle sentido a la vida. Y en este mundo de querer todo ¡ya!, la resiliencia es un recordatorio «siatodista» de que hay que seguir adelante y sacarles jugo a los malos ratos.

LA FRASE INSTAGRAMEABLE

La resiliencia es el arte de convertir las piedras del camino en escalones hacia el crecimiento personal.

VIII. CLAVE PARA «SÍ A TODO»: APRENDIZAJE

PORQUE NUNCA ES TARDE PARA SER EL LISTILLO DE LA CLASE

CAPÍTULO 10

El del día que Tintín me hizo ser quien soy

De pequeño, leer para mí era tan emocionante como mirar una planta crecer a tiempo real. No me malinterpretes, los libros, con sus misteriosas portadas y promesas, me seducían. Aún recuerdo esas intrigantes carátulas de *Pesadillas* que solía suplicar a mis padres que me compraran. Sin embargo, a pesar de la emoción inicial, usualmente terminaban siendo adornos polvorientos. Aunque no era el pequeño lector que supongo que mis padres esperaban, heredé de ellos el imán hacia los libros.

Fue sobre mis doce años, si no recuerdo mal, a lo mejor algo antes, cuando descubrí a Mortadelo y, de repente, ¡bingo! Esa fue mi alfombra mágica hacia el universo de los cómics. Pronto mis estantes empezaron a llenarse de Tintín, Astérix y Spirou. Y, por supuesto se llenaron también de esos superhéroes musculosos que, sospecho, llevan toda una vida con una suscripción premium al gimnasio. Esos cómics aún guardan un lugar especial en mi colección.

Mi padre, entre risas, solía decir que, si leía cómics de joven, eventualmente haría la transición a libros de adultos. ¡Bingo otra vez, papá! En mi adolescencia, libros como el *Quijote*, la *Odisea* y tantos otros que, honestamente, la memoria falla en recordar, se convirtieron en mis constantes compañeros. Descubrí el poder transformador de las palabras y las historias, aunque, entre tú y yo, aplicar esas lecciones me costó mi tiempo.

El tema está en que siempre fui el estudiante que lograba raspar la superficie con notas apenas aprobatorias, es decir, que iba a llorarle al profesor con un cuatro y medio pelado para que me aprobara. Pero la lectura me ayudó a entender que estudiar me encantaba, me encantaba aprender. Lo que no me gustaba nada era lo que me imponían aprender. Comparado con las vidas de personajes épicos como Ulises, la historia escolar palidecía en interés. Así que empecé a profundizar en más libros. Con los años me interesé en las humanidades y la filosofía, me enamoré primero de la oriental y después de la clásica. Pero, al mismo tiempo, seguí profundizando en esos tomos llenos de viñetas y personajes fascinantes. Es creencia popular que los cómics son solo entretenimiento. Y ni mucho menos, puede haber un aprendizaje profundo sobre el comportamiento humano en cada una de esas páginas. Y si no, ponte una tarde lluviosa a leer *Baños Pleamar* de Isaac Sánchez y me lo cuentas. Leer también fue mi principal ayuda para superar las crisis de ansiedad; devoré todo aquello que tenía que ver con esta patología, ya fueran libros de psicología, de autoayuda o de medicina. Todos y cada uno de ellos me ayudaron a comprender lo que me sucedía y, desde la comprensión, es mucho más sencillo sanar.

Lo que pretendo decir con esta pequeña historia sobre el amor a las letras es que la lectura de lo que sea (bueno, no sé si la de *El Mundo Deportivo* o la de *Pronto* cuentan) te llevará a crecer sin que te des cuenta en el ámbito personal, al igual que lo hizo conmigo. Y si alguna vez te encuentras con alguien que dice tener todas las respuestas (en este mundo de crecimiento personal sucede mucho), recuerda siempre que eso es del todo imposible. Cuando te encuentres con una persona verdaderamente sabia, te darás cuenta de que jamás alardea de su conocimiento. Y estoy seguro de que tiene una biblioteca más que extensa, porque cada libro, cada página, cada palabra, es un peldaño en la infinita escalera del conocimiento. La verdadera sabiduría no radica en creer que lo sabemos todo, sino en tener la curiosidad insaciable de un niño y la valentía de un aventurero, dispuesto a explorar nuevos horizontes y a desafiar lo conocido. En esta vida, que tu brújula sea siempre la curiosidad y tu mapa, el deseo inquebrantable de aprender y crecer. Porque solo así trascendemos, evolucionamos y nos convertimos en las leyendas de nuestras propias historias.

Sí al aprendizaje

¡Atención! Vivimos en la era de la infoxicación, una enfermedad vírica donde la información llega a raudales, y si no te actualizas, te quedas como un sistema VHS en la era del *streaming*. Vaya, ¡ni el café de la mañana es tan esencial! En este escenario, el aprendizaje continuo es el superpoder que todos necesitamos, porque, seamos sinceros, el conocimiento continuo debería estar tan de moda o más que Rosalía. Por desgracia ni se le acerca, ya te habrás fijado en que la gente usa ese maravilloso aparato lleno de información que llevamos en el bolsillo para alardear de su estupidez en vez de aprender algo nuevo, en fin, que me pongo punki y ni mucho menos es lo que pretendo. A cada generación le ha tocado vivir lo que le ha tocado, y la nuestra es maravillosa.

La realidad que se encuentra detrás del aprendizaje continuo es sencilla: nadie lo sabe todo. Podrías tener cien años y, aun así, ¡bam!, aprenderías algo nuevo (aunque sea conocer Instagram y cómo funciona). Y si piensas «a mí me da absolutamente igual, con lo que sé me basto y me sobro», debes saber que el mundo no espera. Las industrias se metamorfosean, las tecnologías revolotean y los negocios juegan al camaleón.

Y no, ser el listillo de la clase ya no consiste en saber quién fue el tercer rey de no sé qué dinastía, esto como mucho te servirá para ganar al Trivial. Consiste más bien en adaptarse, evolucionar y no quedarse con la boca abierta cuando todos hablan de la última tendencia. Sumergirte en el aprendizaje te hace más molón (en el buen sentido), agudiza tu creatividad y te da esa sensación de «¡lo logré!» que no te da ninguna serie *binge-watching*.

Aunque, ojo, estar siempre aprendiendo tampoco es un camino de rosas. Requiere el esfuerzo de un maratonista y la mente abierta de un paracaidista. Pero las recompensas son como hallar aguacates maduros en la tienda justo cuando los necesitas.

No se trata de hacerte el sabelotodo y acaparar cada conversación en una cena. Esto va de ser una versión turbo de ti mismo. Porque ¿quién dice que hay una edad para dejar de ser el genio de la clase? Si hay algo que nos queda claro es que nunca es tarde para lucirte y sacar a relucir tu mejor yo.

Y AHORA, ALGO QUE NO HAS VISTO «JAMÁS»

Unos puntos que nos ayudarán a entender

El concepto que se encuentra detrás del aprendizaje continuo es simple: nunca dejemos de aprender. No importa la edad que tengamos o el punto en el que estemos en nuestra carrera, siempre hay algo nuevo que descubrir o una habilidad que mejorar. Pero ¿por qué es tan crucial mantener este hábito de aprendizaje a lo largo de nuestra vida?

Adaptabilidad en un mundo en constante cambio. Vivimos en una era donde la tecnología, las industrias y las tendencias cambian rápidamente. Mantenerse al día con la educación y la formación es clave para seguir siendo relevante.

Estimulación mental. El aprendizaje constante mantiene nuestra mente activa y aguda, reduciendo el riesgo de declive cognitivo a medida que envejecemos.

Mejora la autoestima. Cada nuevo conocimiento o habilidad adquirida es una pequeña victoria que potencia nuestra confianza y nuestra autoestima.

Oportunidades laborales. En un mercado laboral competitivo, aquellos que continúan mejorando y adquiriendo nuevas habilidades tienen más oportunidades de destacar y avanzar en sus carreras.

Desarrollo personal. No todo aprendizaje tiene que ser profesional. Aprender algo nuevo, como un *hobby* o una nueva habilidad, puede aportar satisfacción y enriquecimiento a nuestras vidas.

Fomenta la creatividad. Exponernos a nuevos conocimientos y perspectivas amplía nuestro horizonte y fomenta nuestra capacidad creativa.

Preparación para lo inesperado. En un mundo incierto, tener una amplia gama de habilidades y conocimientos nos puede ayudar a adaptarnos a situaciones inesperadas.

Relaciones más ricas. Al adquirir nuevos conocimientos podemos participar en conversaciones más variadas y profundas, lo que puede mejorar nuestras relaciones personales y profesionales.

Modelo para seguir. Al comprometernos con el aprendizaje continuo, podemos inspirar a otros a hacer lo mismo, ya sean hijos, amigos o colegas.

Satisfacción a largo plazo. A diferencia de las gratificaciones instantáneas, el aprendizaje proporciona una satisfacción que perdura en el tiempo y se construye con cada nuevo conocimiento.

El aprendizaje continuo es una estrategia para vivir una vida más plena, rica y satisfactoria. Es el camino hacia una mejor versión de nosotros mismos. Y lo sé, es una idea muy sobada y una frase de vendehúmos de internet, pero en este caso estoy de acuerdo en que podemos mejorar hasta hallar ese punto en que nos encontramos en la mejor evolución de *Super Saiyan* y nos sentimos preparados para enfrentarnos a *Frasier*.

ADH QUE HARÁ QUE SIGAS COMO HASTA AHORA

Desde pequeños estamos programados para aprender; ya sea a dar nuestros primeros pasos o pronunciar las primeras palabras. Pero, en algún momento de nuestras vidas, muchos caen en la trampa de creer que ya han aprendido lo suficiente. Las manifestaciones de esta mentalidad pueden verse en ser pensamientos del tipo:

«Ya sé todo lo que necesito para hacer mi trabajo».
«A mi edad, ya no hay nada nuevo que pueda aprender».

«Los libros y los cursos son una pérdida de tiempo».
«No tengo tiempo para aprender algo nuevo».
«El aprendizaje es solo para los jóvenes».

En un mundo que gira más rápido que un disco de vinilo en una fiesta de los ochenta, quedarse estático es casi como poner pausa en una película de detectives justo cuando el protagonista está a punto de revelar el gran misterio. Puedes ver a todos a tu alrededor avanzando, aprendiendo y adaptándose, mientras tú..., bueno, tú te has convertido en ese personaje secundario que no recuerda si dejó el horno encendido.

Estudios recientes publicados en la revista *Science* muestran lo peligroso que es resistirse al aprendizaje en una era de constante evolución. Pierdes el tren, y para cuando decides correr detrás de él, ya es tarde. Tú y yo sabemos que la rigidez mental es como llevar zapatos de plomo en una maratón, solo te hace menos creativo, menos capaz de resolver problemas y, seamos honestos, bastante aburrido en las cenas.

Ahora piensa en la tecnología, avances que ocurren casi a diario. Si evitas aprender, imagina los chistes sobre aplicaciones y *gadgets* que no entenderás en las conversaciones. El mundo no espera, amigo mío. Cada día que decides no aprender es un día que te pierdes en el camino hacia un futuro brillante. Y ese no es el final de la película que queremos, ¿verdad?

Y ya lo sé, estamos solo hablando de cosas nuevas, pero si quieres abrazar el «siatodismo» con fuerza, hay muchas cosas que te quedan por aprender, a ti y a todos, que son la base de la felicidad. Espero que este libro te esté ayudando un poco y encendiendo una llamita que te haga seguir leyendo y aprendiendo, hay gente muy buena por allí diciendo la suya.

ADH PARA ABRAZAR EL «SIATODISMO»

El aprendizaje es una herramienta poderosa que puede transformar vidas. Cultivar el amor por el aprendizaje y la curiosidad tiene innumerables beneficios, algunos de los cuales podrían sorprenderte:

«El aprendizaje te mantiene joven y activo».
«Cada día es una oportunidad para saber algo nuevo».
«Los libros y cursos son ventanas a mundos desconocidos».
«Aprender te hace más adaptable y resiliente».
«El conocimiento es una herramienta que siempre suma».

Sin duda, la idea de ser un eterno estudiante puede parecer un poco abrumadora para algunos. Pero piénsalo de esta manera, ¿quién no ha deseado alguna vez recibir una carta de Hogwarts y embarcarse en una aventura de aprendizaje mágico con Harry Potter y sus amigos? Aunque el mundo mágico de J. K. Rowling pueda parecer una fantasía, la magia del aprendizaje es igual de fascinantes en el mundo real, abrir un libro es mágico y si no lo ves así voy a intentar convencerte de ello.

El aprendizaje constante no solo te proporciona una mochila llena de hechizos y encantamientos (metafóricamente hablando, claro), sino que también agudiza tu ingenio, haciéndote capaz de enfrentarte a dragones y a los desafíos que te encuentras en tu camino. Y, al igual que los horrocruxes de Lord Voldemort, los pedazos de sabiduría que recolectas en tu viaje de aprendizaje continuo son invaluables y te ayudan a definir quién eres.

Al aprender de forma regular te conviertes en el mago de tu propia vida. Y mientras que no todos podemos volar en escobas o jugar al *quidditch*, todos podemos descubrir y perfeccionar nuestras propias «artes mágicas», ya sea la ciencia, el arte, la literatura o cualquier otra pasión. No obstante, como diría Dumbledore: «Las decisiones que tomamos sobre qué hacer con el tiempo que se nos da son lo que realmente nos define». Así que elige sabiamente y aprende con pasión.

Porque, después de todo, cada libro que leemos, cada experiencia que absorbemos son un pasaje al mundo mágico del conocimiento. Y quién sabe, quizá en tu próximo aprendizaje descubras cómo hacer que una escoba vuelva a tu mano con solo un chasquido de dedos.

Un hábito para el «siatodismo»

Lectura diaria, ¡mientras vas al baño!

Vivimos en un mundo que evoluciona rápidamente, y la lectura diaria nos ofrece una ventana a nuevas ideas, historias y perspectivas distintas. Sin embargo, a menudo pensamos que no tenemos tiempo para leer, pero lo cierto es que hay momentos a lo largo del día que podemos aprovechar para sumergirnos en la magia de las palabras: por ejemplo, nuestras visitas al baño. Mi padre, cuando yo era bien pequeño, me decía con el libro en la mano que iba a visitar al señor Roca, y yo me partía de la risa, cómo no.

Me acuerdo muy bien de un personaje más bien curioso que me enseñó el poder del baño como espacio de reflexión.

Ricardo era un tipo que iba siempre con su traje impecable y su maletín en la mano, la imagen perfecta de un hombre de negocios. Su día a día estaba repleto de reuniones, llamadas, correos electrónicos y plazos. Cada minuto parecía destinado a una tarea, y cada segundo tenía un propósito.

Sin embargo, había un secreto que Ricardo guardaba con una mezcla de orgullo y diversión: su baño, que había convertido en su santuario literario.

A primera vista, el baño de Ricardo parecía típico (sí, me invitó a verlo un día, puede sonar raro, pero fui encantado). La cuestión es que ese baño no tenía nada de común, si le echabas un vistazo con detenimiento revelaba una estantería llena de libros. Desde novelas clásicas hasta revistas científicas, el repertorio de Ricardo era extenso y variado.

Cada mañana, antes de enfrentarse al caos del día, y cada noche, antes de desconectar, Ricardo se sumergía en ese pequeño espacio.

Con solo veinte minutos, un tiempo probablemente corto para la lectura y demasiado largo para una correcta evacuación, dejaba atrás los problemas y se entregaba a la magia de la lectura. La taza del inodoro se convertía en su sillón favorito, y las paredes del baño eran las puertas a mundos desconocidos.

Y, a pesar de la brevedad de esos momentos, Ricardo notó cómo la lectura transformaba su forma de pensar. Se volvió más curioso, más crítico y, sorprendentemente, más creativo en sus propuestas laborales.

El baño de Ricardo se convirtió en comentario entre sus amigos. Aunque algunos se burlaban cariñosamente, otros comenzaron a adoptar la idea, creando sus propios santuarios de lectura.

Y es que al final no importa cuán ocupados estemos, siempre podemos encontrar pequeños momentos para nutrir nuestro espíritu. Y, a veces, la inspiración se halla en los lugares más insospechados.

Pongámonos prácticos: sumergirse en la lectura en cada visita al baño

Elige tu material: no tiene que ser un libro extenso. Puede ser un artículo, un ensayo o incluso un poema. Lo importante es que sea algo que te interese y te desafíe.

Momentos de pausa: la tranquilidad del baño puede ser el entorno ideal para concentrarse en la lectura, sin distracciones del exterior.

Iniciar el día con conocimiento: si tienes la rutina de ir al baño después de despertarte, este puede ser el momento perfecto para arrancar el día con un breve escape literario.

Reflexiona y comparte: tras tu lectura, reflexiona sobre lo que has aprendido. ¿Te ha brindado una nueva perspectiva? Comparte tus descubrimientos con amigos o en redes sociales. Lo puedes hacer una vez que hayas salido del baño, queda un poco feo si cuelgas una selfi desde allí con una bonita reflexión.

Explorar géneros diferentes: a menudo los amantes de la lectura se encuentran cómodos dentro de un género específico, ya sea novela histórica, ciencia ficción, ensayo o poesía. Sin embargo, hay un mundo de literatura esperando ser descubierto más allá de nuestras preferencias habituales. Si eres un ávido lector de ensayos, ¿por qué no sumergirte en una novela romántica o en un libro de poesías contemporáneas? Si las novelas de fantasía son tu elección habitual, ¿qué tal explorar un libro de divulgación científica o una biografía? Al diversificar nuestras lecturas, no solo ampliamos nuestro horizonte literario, sino que también enriquecemos nuestra perspectiva y entendimiento del mundo. Es como un viajero experimentado que decide visitar un destino completamente diferente al que está acostumbrado; las sorpresas y aprendizajes están garantizados.

Celebra tu conocimiento: aprecia el crecimiento mental que experimentas al dedicar unos minutos al día a leer. Es una manifestación del «siatodismo» en el ámbito del aprendizaje.

Aunque al principio pueda parecer inusual, incorporar la lectura en momentos tan cotidianos como una visita al baño puede ser la clave para mantenerte en una trayectoria de aprendizaje y crecimiento constantes. Es una oportunidad de transformar una actividad diaria en un ritual de enriquecimiento intelectual y autodescubrimiento.

Y ahora, un resumen para que quede todo claro

Vivimos en tiempos donde la información llega como una cascada, y si no te enchufas, quedas más obsoleto que una cinta VHS. El tema es que aprender a diario es como el superpoder que todos deberíamos tener, más *trendy* que Rosalía. Pero oye, no te quedes en el modo «yo ya lo sé», porque el mundo no para y, si te quedas mirando, te pasan por encima. El chiste no es solo ser el empollón, sino estar al día y gustarte a ti mismo.

LA FRASE INSTAGRAMEABLE

El aprendizaje es la magia cotidiana que nos permite volar sin escobas y conjurar mundos sin varitas.

TERCERA ACTITUD

Amar

IX. CLAVE PARA «SÍ A TODO»: CONCIENCIA

DESPIERTO... ¡Y SIN CAFEÍNA!

CAPÍTULO 11

El del día que soñé siendo plenamente consciente de que soñaba, o algo así

Siempre he pensado que la conciencia es un tipo peculiar de autoafecto, es decir, algo así como quererte a ti mismo sin llegar a ser egocéntrico. Y también, curiosamente, una forma de querer a los demás. Es estar, simplemente, ahí.

Voy a confesarte que he tenido ciertas... llamémoslas «aventuras esotéricas». Y, claro, como en todo, existen distintos niveles de..., ¿cómo decirlo?..., compromiso con la causa. Algunos parecen más dedicados a explorar lo lejos que puede llegar el incienso antes de activar la alarma de humo, y otros, bueno, parece que se lo han tomado todo demasiado en serio.

Esta historia sucedió, más o menos, hacia el 2010, cuando decidí adentrarme en un taller sobre sueños lúcidos. Si estás algo perdido respecto a este término, te lo resumo: es soñar, pero siendo plenamente consciente de que estás soñando. Imagina que estás en tu propia película, pero con la capacidad de modificar el guion del sueño a tu antojo. Para que me entiendas mejor, este tipo de sueño es como entrar en un videojuego de realidad virtual en el que tú tienes el control del mando. Estás completamente inmerso en un mundo que parece tan real como la vida misma pero, al mismo tiempo, eres consciente de que es una creación de tu mente. Esta conciencia te otorga un poder especial: la capacidad de interactuar y cambiar elementos del sueño. Por ejemplo, si estás volando y decides que quieres cambiar el paisaje que observas, puedes hacerlo con solo desearlo. Si te encuentras con un personaje en tu sueño y decides conversar con él, puedes hacer preguntas y recibir respuestas que quizá nunca esperabas. Es una experiencia en la que la línea entre la realidad y la ficción se desvanece, y te encuentras navegando en los confines de tu subconsciente con una linterna encendida.

El tema es que me apunté a ese taller y el maestro, con un entusiasmo que rozaba lo sospechoso, nos dio los secretos para dominar esta técnica. Uno de ellos era levantarse cada cierto tiempo —no me pidas precisión, mi memoria es como un colador— y hacer unos ejercicios. En resumen, no se te permitía dormir plácidamente. Pero, bueno, con mi naturaleza obsesiva y una curiosidad que a veces roza lo ridículo, me sumergí en la experiencia. Además, me sentía más desorientado que un pez intentando subir una escalera, así que cualquier solución «mágica» me parecía tentadora.

Y entonces lo intenté. Quería alcanzar el nivel de iluminación de nuestro instructor, quien, por cierto, aseguraba tener reuniones nocturnas en el plano astral con otros soñadores. Imagina las cenas astrales con desconocidos, conversaciones profundas mientras sus cuerpos mortales descansaban en camas, que prefiero imaginar cubiertas con sábanas de Snoopy. Sí, es un detalle que me he inventado, pero dime, ¿no es hilarante pensar en un maestro espiritual roncando bajo sábanas de dibujos animados? Yo creo que un encuentro astral de esta gente sería algo del tipo:

—¡Ey! Por fin llego. ¿Ya todos aquí? —diría el maestro, ajustando su túnica astral imaginaria al entrar al plano.

—Bueno, algunos de nosotros llegamos tarde. Este plano astral debería tener mejores señales de wifi —comentaría uno, haciendo un gesto con las manos como si buscara recepción.

—¡Y que lo digas! —respondería otro, flotando apenas a unos centímetros del suelo—. He intentado levitar más alto, pero parece que el wifi solo llega hasta aquí. ¡Es como si me hubiera convertido en un fantasma con restricciones de datos de móvil!

—O quizá solo tienes sobrepeso astral —interrumpiría el primero, con un guiño travieso.

Todos soltarían una carcajada, haciendo que el plano astral vibrara con su risa. ¡Qué grupo tan peculiar de almas iluminadas!

Bueno, chistes aparte, el caso es que, tras semanas de intentarlo, empecé a tener sueños peculiares y pensé: «¡Esto funciona!». Pero como todo flirteo con lo desconocido, el encanto se desvaneció y, probablemente, me distrajeron otros métodos igualmente inusuales para encontrar el «sentido de la vida» y convertirme en una persona consciente.

Un tiempo después me convertí en padre. Mi hija mayor —menudo bicho—, parecía tener un plan maestro para no dejarme dormir durante tres años seguidos. Y fue entonces cuando lo entendí: ese estado «lúcido» era simplemente falta de sueño a un nivel extremo. La verdadera conciencia no está en levitar en sueños o flotar por el espacio astral. Está en estar presente, en quererte a ti mismo y, desde luego, en no privarte del sueño, algo que ni un montón de cafeína puede solucionar.

SÍ A LA CONCIENCIA

En la era de los *influencers* de crecimiento personal y las citas motivacionales que venden cursos *online* a precio de iPhone, la noción de «conciencia» parece haberse transformado en otro *hashtag* de moda. Más allá de las fotos de meditación con el fondo de un atardecer, ¿cuántos realmente han pausado y reflexionado sobre la verdadera esencia de la conciencia? Sí, podemos sonreír con ironía ante la simplificación *new age* del concepto «conciencia», pero, a la vez, ¿no es maravilloso que, pese a los clichés, estemos indagando sobre nuestra propia existencia y el universo que nos rodea?

La idea es que entiendas que eres consciente de tu existencia y de tu entorno, y eso es brutal, porque te permite hacer una cosa que me parece mágica: tomar decisiones, algo que si has experimentado ansiedad o la estás sufriendo como me pasó a mí, dejas de hacer durante mucho tiempo, tanto que pierdes el hábito y te olvidas de cómo se hace. Cuando consigues tomar decisiones, vives experiencias maravillosas y conscientes. Al reflexionar sobre la conciencia hay dos citas que me vienen a la cabeza y que me ayudan a entender este concepto. Una es de la película *Men in Black*, cuando Tommy Lee Jones, para contarle la existencia de vida extraterrestre a Will Smith, le dice:

> Un solo ser humano es inteligente. La gente es tonta, peligrosa en grupos, y usted lo sabe. Mil quinientos años atrás, todo el mundo sabía que la Tierra era el centro del universo. Quinientos años atrás, todo el mundo sabía que la Tierra era plana, y hace quince minutos, usted sabía que los humanos eran los únicos seres inteligentes en el planeta. Imagínese lo que sabrá mañana.

Para mí, esta frase trata tres conceptos que me han ido de fábula para pasar de una actitud de sabelotodo a una «siatodista».

El primero es la idea de que el conocimiento humano es limitado y siempre está en constante evolución, es algo que me gusta tener siempre presente. Porque muchas veces nos creemos aquello que leemos y lo vemos como si fuera una verdad absoluta e inamovible.

El segundo es conocer la importancia de la sabiduría adquirida a través de la reflexión y el razonamiento, y la necesidad de tener en cuenta las experiencias y conocimientos de los demás para construir una comprensión más completa de la realidad.

Y el tercero es poner el foco en que el conocimiento humano está influenciado por nuestras experiencias y en cómo estas pueden cambiar nuestra percepción de la realidad.

La otra frase que me viene a la cabeza es mucho más profunda, pero tengo la impresión de que es igual de pop que la anterior. *Cogito, ergo sum* la conocemos todos como «Pienso, luego existo» y la escribió René Descartes. Esta frase, digna del típico post de «influenser» de crecimiento personal, en realidad forma parte de la obra *Meditaciones acerca de la filosofía primera*, por si te lo preguntabas, y sugiere que la capacidad de pensar y ser consciente de uno mismo es la prueba fundamental de la existencia y la realidad. Es decir, que si puedes pensar y preguntarte sobre las cosas, eso demuestra que tú eres real y que existes. Ser consciente entonces es uno de los ingredientes innegociables para sentirte feliz y abrazar la filosofía del «Sí a todo».

La realidad es que somos muy complejos, buscamos la felicidad de manera incansable, y para ello nos intentamos conocer a nosotros mismos, ser conscientes de nuestra propia existencia, de nuestro propósito vital, y nos preguntamos si la vida tiene sentido, o cuál es la receta mágica para ser feliz. La felicidad puede venir de muchas partes. Desde hace unos años es posible que hayas oído hablar del famoso cuarteto de la felicidad (serotonina, dopamina, endorfinas y oxitocina), muy al inicio del libro te he hablado de ellas. Como te he comentado entonces, mi intención es ser breve, así que aquí no me voy a extender. Se trata de un grupo selecto de neurotransmisores que, si se encuentran en un nivel óptimo, pueden tener un efecto positivo en tu estado de ánimo y bienestar general. Pues bien, estos no son la panacea, es decir, no con tener contentos a estos neurotransmisores ya está, ya eres feliz. Esto de la felicidad va mucho más allá. De lo contrario, activar el modo «Sí a todo» sería tan sencillo como presionar el botón de *on*. Podríamos decir que el ser humano está compuesto por muchas piezas de un puzle y que una de ellas es la bioquímica, ya que en nuestro organismo hay elementos químicos y nuestras funciones biológicas se basan en reacciones químicas.

Además de nuestra composición química, creo que estaremos todos de acuerdo en que existen otros aspectos que nos definen como seres humanos, como son la inteligencia, las emociones, el lenguaje y la cultura. Te los voy a resumir de manera muy breve.

Y AHORA, ALGO QUE NO HAS VISTO «JAMÁS»

Unos puntos que nos ayudarán a entender

¡Paremos un segundo! Antes de que des un paso más en esta travesía, quiero confesarte algo. He resumido mucho lo que te voy a contar a continuación porque quiero que este libro sea una aproximación a estas ideas, un vuelo de pájaro en la profunda selva que es el conocimiento humano, así que en mi afán de ser breve y claro es posible que no mencione mucha información de valor. Pero, ¿sabes qué?, me gusta plantar en ti la semilla de la curiosidad y que sientas el deseo de conocer por ti mismo una información que pueden ofrecerte autores mucho más capacitados que yo para dártela. Al fin y al cabo, es de esto de lo que trata este punto, ¿no? De ser consciente de lo que uno es. De modo que a continuación comparto contigo mi manera de ver toda esta cuestión en forma de puntos que podrían caber en un TikTok.

La inteligencia. Es esa herramienta que nos diferencia del resto de los seres de este planeta. Y no, no hablo de saber el nombre de todos los presidentes o la tabla del nueve al revés. Me refiero a esa capacidad extraordinaria de aprender, de adaptarse, de solucionar problemas. Te hablaría de Howard Gardner y de sus tipos de inteligencia, pero no me quiero alargar, si te interesa el tema te recomiendo que investigues un poco sobre él, te darás cuenta de que si eres más o menos de mi generación, tu educación escolar es en gran parte responsabilidad de este psicólogo. Y si ya sabes quién es solo me queda preguntarte: ¿sientes igual que yo que eres totalmente inútil en la inteligencia espacial? ¡Porque yo sí!

Las emociones. Aquí sí que abrimos un melón que me encanta. Los seres humanos experimentamos una amplia gama de emociones, desde el amor y la felicidad hasta la tristeza y el miedo. Y estas son las causantes, cuando no están bien gestionadas, de muchas de las cosas que nos ocurren en nuestro día a día. Mis parálisis por ansiedad, por ejemplo, se inician por no saber gestionar todo aquello que sentía en la adolescencia, taparlo con malos hábitos, y esconderlo al resto del mundo. A esto lo llamamos gestión emocional, y también has leído mil cosas sobre ello. Y en cada rincón, en los últimos diez años, te has encontrado un *coach* emocional que ha intentado venderte un curso para aprender a dominarlo. Este término lo popularizó Daniel Goleman en su libro *Inteligencia emocional: Por qué es más importante que el cociente intelectual*, que, por cierto, me parece un titulazo, aunque tenga una de las portadas más feas de la historia de la literatura. Búscala y verás como te recuerda al típico libro de texto de los noventa, al menos la edición que yo tengo. En el libro, el autor nos dice que la inteligencia emocional se apoya en cinco puntos principales: autoconciencia, autorregulación, motivación, empatía y habilidades sociales. En resumen, las emociones son el pegamento que mantiene unido este loco rompecabezas que es el ser humano.

El lenguaje. No puedo evitar imaginar un mundo donde las inteligencias artificiales hacen los deberes de los estudiantes. Espera un segundo, ya vivimos en ese mundo. Pero aquí va mi apuesta: por muy avanzada que sea una IA, nunca podrá replicar el encanto y magia de una conversación humana. No menospreciemos la importancia del lenguaje oral y, de paso, de Shakespeare y sus sabias palabras: «La mayor parte de nuestros problemas proviene de la comunicación: hablamos demasiado, escuchamos muy poco y no nos entendemos».

La cultura. Tan vasta, tan rica y, sin embargo, tan subestimada. Para muchos, la cultura se reduce a la música que escuchan o las series que ven en Netflix. Pero, y que quede entre nosotros, la cultura es el espejo del alma de una sociedad. Y sí, en nuestra sociedad, si miras las cifras de visionados de Netflix vs. de lectura, la primera gana por diez a uno.

Todo lo que acabamos de ver está intrínsecamente conectado, y hace de nosotros seres únicos, complicados y maravillosos. ¡Sigamos con esta travesía y metámonos de lleno con ese ADH!

ADH QUE HARÁ QUE SIGAS COMO HASTA AHORA

A medida que avanzamos por la vida, nos encontramos con una serie de decisiones, interacciones y reflexiones que definen nuestro camino. Sin embargo, cuando pasamos por la vida en piloto automático, sin tomar un momento para reflexionar o ser verdaderamente conscientes, corremos el riesgo de perder mucho. Estas son algunas creencias que podrías identificar en alguien con baja conciencia:

«Las cosas simplemente me suceden y no puedo hacer nada al respecto».

«No entiendo por qué actúo de esta manera».

«Mis decisiones no tienen un impacto real en el mundo».

«No es necesario que piense en cómo mis acciones afectan a otros».

«Vivo el día a día sin pensar en el mañana».

Es bastante irónico que, en estos días de sobrexposición social, la idea de conciencia parezca haber sido secuestrada y convertida en un cliché comercial. No puedes abrir Instagram sin toparte con alguien, probablemente en una postura de yoga frente a una puesta de sol, hablando sobre la «conciencia plena» mientras promociona su último taller. Sin embargo, si rascas un poco en la superficie, te darás cuenta de que, para muchos de ellos, su comprensión de la conciencia es tan superficial como su filtro de foto favorito. Te reto a ello, ya me lo contarás.

Vivir sin conciencia es como intentar seguir las instrucciones de uno de estos gurús modernos que, en lugar de ayudarte a encontrar tu camino, te lleva en círculos a repetir los mismos patrones destructivos y te mantiene atado a una rutina de errores y malentendidos, mientras sigues gastando dinero, probablemente en él. La verdadera conciencia es algo que no se puede empaquetar y vender, ni se puede obtener con solo leer una cita inspiradora.

La falta de la auténtica conciencia nos despoja de nuestra habilidad para manejar el alboroto interno, haciéndonos presa fácil del estrés y otras turbulencias emocionales. ¿Y la mayor tragedia? Nos perdemos los momentos genuinos, aquellos instantes sin filtros donde la vida realmente sucede.

Si bien es cierto que el mundo necesita más conciencia, también necesita menos charlatanes. Porque, para citar una frase que probablemente no encontrarás en la cuenta de tu *influencer* favorito: «La auténtica sabiduría es reconocer la propia ignorancia». Y, en ese reconocimiento, tal vez encontremos el mapa que nos ha faltado.

ADH PARA ABRAZAR EL «SIATODISMO»

Desarrollar la conciencia es como encender una luz en un cuarto oscuro. De repente somos capaces de ver y entender cosas que antes permanecían ocultas a nuestros ojos. Estas son algunas de las creencias que puedes encontrar en alguien consciente:

«Soy responsable de mis acciones y decisiones».

«Comprendo mis emociones y cómo influyen en mi comportamiento».

«Reconozco el impacto que tengo en el mundo y en los demás».

«Cada momento presente es una oportunidad para aprender y crecer».

«Soy parte de un todo más grande».

Vivir con conciencia es como embarcarse en una aventura, similar a las que Tintín emprendía en sus álbumes. ¿Recuerdas *Tintín en el Tíbet*? En ese viaje, más allá de la búsqueda de su amigo Tchang, Tintín aprendió una lección de humanidad, empatía y conexión. No solo desentrañó un misterio, sino que entendió y comprendió a los que lo rodeaban y, en el proceso, también a sí mismo.

Al vivir con conciencia, al igual que Tintín, descubrimos capas más profundas en nuestras relaciones, encontramos amistades en los lugares más insospechados y aprendemos a valorar la interconexión que compartimos con todo lo que nos rodea. La conciencia no solo nos lleva a destinos lejanos, sino que también nos guía hacia el interior, ayudándonos a comprender quiénes somos y qué papel desempeñamos en esta vida.

Apreciar el ahora, ser conscientes de nuestros actos y entender nuestras emociones es como tener un fiel Milú a nuestro lado, guiándonos a través de los desafíos, asegurándose de que, aunque tropecemos, siempre nos levantemos con determinación y propósito.

Para que quede claro, pienso que ser consciente es más que una tendencia o una palabra de moda, es un viaje de autodescubrimiento, una búsqueda interminable que, como las aventuras de Tintín, no tiene un final definido pero siempre promete enseñanzas brutales.

Un hábito para el «siatodismo»

Meditación en movimiento y en calma ¡mientras meditas y caminas hacia el trabajo o hacia donde te dé la gana!

La conciencia tiene que ver con una conexión profunda con uno mismo y con el mundo que nos rodea. A través de la meditación, ya sea en quietud o en movimiento, fortalecemos esa conexión, aprendiendo a estar presentes y a cultivar una relación amorosa y compasiva con nosotros mismos y con los demás.

Recuerdo el día en que decidí aplicar la meditación mientras caminaba. Hasta la fecha, mi manera de meditar era sentado en un cojín. Mi hábito consistía y sigue consistiendo en, cada mañana, en mi pequeño rincón del piso, encontrarme conmigo mismo. Justo allí, con un cojín suave y la tenue luz de una lámpara, paso diez minutos meditando. Esos momentos son mi puente hacia la tranquilidad, hacia ese lugar interno que todos llevamos dentro pero que, a menudo, olvidamos visitar.

Un día, al finalizar mi meditación, un pensamiento surgió con claridad: ¿Por qué no llevar esta calma conmigo durante todo el día? Inspirado por esta idea, decidí transformar mi caminata diaria al trabajo en una extensión de mi meditación matutina.

Al salir de casa, cada paso que daba resonaba con una intención, con un propósito. Sentía el suelo bajo mis pies, el aire fresco en mi rostro. Escuchaba los sonidos de la ciudad, desde el lejano murmullo del tráfico hasta el trino de un pájaro escondido en un árbol cercano. Observaba a las personas con las que me cruzaba, imaginando sus historias, sus preocupaciones, sus alegrías.

Mis amigos y colegas comenzaron a notar un cambio en mí. A pesar del caos cotidiano, siempre parecía estar en un estado de serenidad. Y es que había descubierto algo valioso: la meditación no es solo un acto de sentarse y cerrar los ojos. Es una forma de vida, una manera de abordar cada instante con plena conciencia.

Al final no es necesario escapar del mundo para encontrar paz. La auténtica meditación reside en vivir cada momento, en cualquier lugar, con total presencia y gratitud.

Pongámonos prácticos: cultivar la conciencia a través de la meditación y mientras caminas

Encuentra tu espacio: dedica un tiempo tranquilo en tu día para caminar, siente cada paso, el movimiento de tus piernas y el ritmo de tu corazón. Puede ser en cualquier desplazamiento diario que tengas que hacer, se tratará entonces de tomarte un poco más de tiempo para hacerlo, tampoco mucho, el justo y necesario para no tener que ir con prisas.

Reto de la semana y respiración: comprométete a meditar al menos diez minutos al día y mientras caminas, enfócate en tu respiración, percibiendo el aire fresco y el entorno. La idea es que prestes atención a aquello que estás haciendo, la respiración que entra por la nariz y a qué ritmo entra. El paso que sigue al anterior, las sensaciones del aire que acaricia tu cara...

Registra tus sensaciones y observa a tu alrededor: después de cada meditación, anota tus sentimientos y pensamientos. Cuando llegues a tu objetivo reserva cinco minutos para anotar en una libretita o en el móvil qué piensas y sientes sobre lo que acabas de hacer. Si al caminar has sido capaz de prestar atención a los colores, sonidos y olores, permitiendo que cada elemento te conecte con el momento presente, o más bien la mente se ha ido a esos emails que tienes que responder con urgencia.

Profundiza en la práctica: a medida que te vayas sintiendo más cómodo con la meditación mientras caminas, explora diferentes técnicas. Esto lo puedes llevar a término corriendo, por ejemplo, o a lo mejor te animas y decides sentarte en el césped de un parque para centrar la mente en lo que percibes. Eso estaría genial.

Celebra tu conexión y gratitud en movimiento: date las gracias por el tiempo dedicado a ti mismo después de cada meditación y, mientras caminas, reflexiona sobre las cosas por las que estás agradecido.

La meditación diaria, ya sea en quietud o mientras caminas, es un viaje hacia una mayor conciencia y conexión con el ser interior y el mundo exterior. Al adoptar estos hábitos, nos damos el regalo de la presencia y el amor propio, una verdadera manifestación del «siatodismo» en el ámbito de la conciencia.

Y AHORA, UN RESUMEN PARA QUE QUEDE TODO CLARO

En plena era de *influencers* que sueltan frases motivacionales a diestro y siniestro, el truco está en entender la conciencia más allá de fotos zen. Ser consciente es tomar decisiones y vivir en armonía. La realidad cambia, como nos enseña la película *Men in Black*, y aunque neurotransmisores como la serotonina te pueden alegrar el día, la felicidad es un mix de química, emociones, cultura y más. Así que ¡a disfrutar de la montaña rusa que es la vida!

LA FRASE INSTAGRAMEABLE

La conciencia es el faro interno que ilumina tanto nuestros mundos externos como internos, permitiéndonos navegar con propósito y empatía.

X. CLAVE PARA «SÍ A TODO»: CONEXIÓN

¿REDES SOCIALES? HABLO DE REDES REALES

CAPÍTULO 12

El del día que compré el periódico en papel, y no estuvo nada mal

En un mundo donde el vinilo está experimentando su segunda juventud y me siento tentado a comprar un reproductor de DVD (sí, de esos que necesitan un disco físico), me doy cuenta de que, aunque la tecnología es fascinante y trae consigo ventajas inimaginables (me refiero a ¿quién no querría un reloj al estilo del coche fantástico?), hay algo que estamos olvidando: las conexiones humanas, las de verdad. No hablo de wifi, sino de esas que se sienten con un abrazo, un apretón de manos o una sonrisa cómplice.

Déjame pintarte una escena: este verano, en casa, haciendo equilibrios entre el trabajo y los niños. Mi mujer y yo nos lo hemos montado para poder trabajar mientras nos asegurábamos de que alguno de los dos estaba siempre con los pequeños. Mi misión: llevar a los niños al parque cada mañana. No soy fan de los parques, ya te lo digo de entrada. La constante charla sobre rutinas de sueño, pañales y primeras palabras... Es como si hubiera una lista de verificación para padres que todos decidimos seguir.

Así que me embarqué en una odisea personal: encontrar ese rincón del barrio donde mis niños puedan ser niños y yo pueda tener un respiro. Y lo encontré. Un lugar con juegos, risas y una pequeña terraza donde puedo tomar mi café matutino y leer el periódico en papel. Sí, uno físico. Hay algo en el ritual de pasar por el quiosco, charlar con el vendedor, sentarse y hojear el papel con el café en la mano que me conecta con un pasado más sencillo.

Pensé que comprar el periódico en papel no sería algo tan raro, pero por como me atendió el señor del quiosco el primer día deduje que lo tiene expuesto allí básicamente de adorno.

El hombre detrás de toda esa montaña de papel era un señor con un aire de sabiduría que solo puede ser otorgado por años y años de vender periódicos.

—Buenos días. Quisiera el periódico de hoy —dije señalando la pila ordenada de diarios.

El señor alzó una ceja y con una sonrisa socarrona me contestó:

—¿Un periódico de papel? ¿Estás seguro de que no quieres también un mapa y una guía telefónica mientras estás en ello?

—¿Qué me dice de una enciclopedia en treinta tomos? —repliqué con una risa.

—¡Oh! Tengo una por aquí... pero ten cuidado, necesitarás el carro de la compra —bromeó, simulando buscar algo debajo del mostrador.

Ambos soltamos una risa y él me entregó el periódico. Fue un breve intercambio, que ahora se repite cada mañana. Ya no bromea, pero me regala una sonrisa cada vez que agarro el periódico y compro dos sobres de cromos de bebés llorones y un coche de Spiderman para mis hijos. Ese pequeño momento añade un poco de chispa a cada mañana.

Pero bueno, como te decía, periódico o un buen libro en mano y café en la otra, empieza a suceder algo mágico. Las conversaciones cambian. De repente, los otros padres quieren hablar sobre el mundo, sobre la cultura, sobre ideas. Es como si el simple acto de alejarme del mundo digital me llevara a un lugar de conexión más auténtica.

En este café al aire libre, con la brisa jugueteando con las páginas de mi periódico, me doy cuenta de que estas relaciones, estos pequeños momentos de interacción genuina, son las que realmente importan. Las redes sociales no pueden replicar la sensación de compartir una risa, de debatir sobre una noticia o simplemente de disfrutar de la compañía de otro ser humano. Y mientras el mundo sigue avanzando, yo me quedo aquí, disfrutando de mi taza de café, conectándome a la red más auténtica de todas: la humanidad.

Sí a la conexión

La humanidad ha pasado por incontables revoluciones tecnológicas, pero en la actualidad, la revolución digital nos ha conectado de maneras que antes parecían pertenecer al ámbito de la ciencia ficción. Con solo deslizar un dedo, podemos acceder a información, compartir un pensamiento o reír con un meme proveniente de algún rincón distante del planeta. Pero ¿realmente nos estamos conectando?

Blaise Pascal, el notable matemático y filósofo francés, una vez dijo que «el corazón tiene razones que la razón desconoce». En la intersección entre razón y corazón, encontramos la esencia de la verdadera conexión humana. No es simplemente un intercambio de palabras o un comentario en una publicación, sino ese sentimiento profundo de ser comprendido, de pertenecer.

La crítica a nuestras modernas formas de conexión es evidente. Las redes sociales, con sus algoritmos diseñados para mostrarnos más de lo mismo, pueden fácilmente crear cámaras de eco, donde reforzamos nuestras propias creencias y perspectivas sin cuestionarlas. No solo eso, sino que la inmediatez y superficialidad de estas plataformas puede hacernos confundir cantidad con calidad en términos de conexiones humanas. Y con eso no quiero decir que estén mal, simplemente se plantean de esa forma, con sus cosas buenas y sus cosas malas.

Pero muchas veces me pregunto: ¿dónde quedó la charla nocturna bajo un cielo estrellado? ¿El compartir un café y escuchar las preocupaciones de un amigo? ¿El sentir la emoción de una risa compartida, no por un vídeo viral, sino por un recuerdo vivido juntos? Es en esos momentos, en esas redes reales, donde encontramos conexiones que trascienden. Y me parece increíble cuando veo a dos personas tomando un café, una delante de la otra y mirando el móvil en vez de mirarse a los ojos y enamorarse el uno del otro perdidamente.

No obstante, hay que ser justos y reconocer que la tecnología en sí misma no es el problema. Es la manera en que la utilizamos y lo que permitimos que haga con nosotros. Es cierto que la digitalización ha facilitado que mantengamos el contacto con seres queridos lejanos o que encontremos comunidades con intereses afines. Pero el desafío radica en no permitir que esas conexiones digitales eclipsen o reemplacen las conexiones auténticas, cara a cara, donde las emociones se sienten y no se representan con emojis.

Quizá deberíamos mirar un poco hacia atrás, así de reojo, a tiempos donde, sin la magia de la tecnología, las personas forjaban lazos que resistían el paso del tiempo y la distancia. Martin Buber, el filósofo judío, habló de la relación «Yo-Tú», una forma de relación interpersonal que reconoce y valora al otro como un individuo único y completo. En lugar de tratar a las personas como medios para un fin, como un *like* más en nuestra publicación, deberíamos esforzarnos por establecer esas relaciones «Yo-Tú», donde la autenticidad y la empatía son las protagonistas. Esta es sin duda una actitud que te llevará a vivir en modo «Sí a todo», y te hará sentirte muy lleno, y al final del día, es posible que descubras que las redes más valiosas no son las que contienen miles de seguidores, sino las que están tejidas con hilos de experiencias compartidas, comprensión mutua y amor genuino. Y pienso y creo de veras que, en el fondo, eso todos lo sabemos.

Y AHORA, ALGO QUE NO HAS VISTO «JAMÁS»

Unos puntos que nos ayudarán a entender

Desde que el ser humano comenzó a habitar este planeta, siempre ha buscado la compañía de sus semejantes. Las hogueras primigenias no solo alejaban a las bestias y brindaban calor, sino que también se convirtieron en centros de reunión donde se compartían historias, se debatían ideas y se fortalecían los lazos comunitarios. En nuestra era digital, las «hogueras» han tomado la forma de pantallas luminosas, pero la esencia de esa búsqueda de conexión sigue intacta.

Profundidad sobre amplitud. Aunque las redes sociales modernas nos permiten tener miles de «amigos» o seguidores, es fundamental entender que la verdadera conexión se mide en profundidad, no en amplitud. Las conversaciones significativas, las experiencias compartidas y los momentos de vulnerabilidad son los que realmente forjan conexiones duraderas. Ya has oído mil veces que los verdaderos amigos se cuentan con los dedos de una mano, ¿no? Pues eso.

Presencia auténtica. En un mundo dominado por avatares y perfiles cuidadosamente elaborados, ser uno mismo es una forma revolucionaria de conectarse con los demás. La autenticidad invita a otros a bajar sus guardias y ser reales a cambio, creando un espacio para conexiones genuinas. En mi *show* para los teatros me presento diciendo que soy Ferran Cases y que no tengo ningún tatuaje. Es una forma de marcar la diferencia y generar autenticidad en forma de broma, ya que si tienes entre treinta y cuarenta años, lo más probable es que, aunque pequeño e insignificante, lleves uno de esos impreso en tu piel.

Valorar el aquí y el ahora. En un mundo de notificaciones constantes, tomarse el tiempo para estar verdaderamente presente en las interacciones cara a cara es un acto radical. Escuchar activamente, mantener contacto visual y mostrar empatía son formas de demostrar a alguien que realmente te importa. Pon el móvil en silencio y del revés encima de la mesa, nada es tan importante que requiera una atención inmediata.

Reconocer el valor intrínseco de otros. Es crucial ver a los demás no como medios para satisfacer nuestras necesidades o deseos, sino como seres completos y valiosos en sí mismos. Y tómate esto muy en serio, porque para mí es uno de los puntos más importantes para vivir en modo «Sí a todo». Si das, recibes.

En resumen: la tecnología ha extendido de manera impresionante las fronteras de nuestra interacción, pero es nuestro deber garantizar que la esencia de la conexión humana no se pierda en el proceso. Mientras nos esforzamos por construir puentes en el ciberespacio, no olvidemos construir y mantener los que se encuentran en el mundo real, donde el tacto, la voz y la presencia física tienen un poder inigualable. En este ratito que estamos en este mundo, asegurémonos de que los hilos que tejemos sean de confianza, respeto y amor genuino.

ADH QUE HARÁ QUE SIGAS COMO HASTA AHORA

En un mundo digitalizado y acelerado es fácil perder de vista la importancia de las conexiones humanas auténticas. A menudo priorizamos el trabajo, la tecnología y otras distracciones por encima de nuestras relaciones. Estos pueden ser pensamientos que reflejen la desconexión:

«Estoy demasiado ocupado para llamar o reunirme con amigos».
«Mis interacciones *online* son suficientes».
«La gente es complicada; es más fácil mantener la distancia».
«No necesito a nadie para sentirme completo».
«Los vínculos auténticos son cosa del pasado».

Imagina por un momento que toda nuestra existencia es un episodio interminable de *First Dates*, qué pesadilla, madre mía, pero bueno, tú imagínalo. Entramos en el restaurante de la vida buscando conexión, buscando ser entendidos y entendiendo a los demás. Si en lugar de sentarte en una mesa y atreverte a conocer a la persona más friki de tu vida te quedaras parado en la entrada, esperando que todo suceda mágicamente, te perderías todas esas interacciones que, aunque a veces resultan incómodas o desconcertantes, son esenciales para nuestro crecimiento.

Es curioso cómo un programa de televisión puede reflejar nuestra naturaleza esencialmente social. Estamos diseñados para interactuar, compartir y colaborar. Pero, al igual que en esas citas fallidas, cuando nos aislamos nos privamos de las experiencias que nos enriquecen. El aislamiento, lejos de las luces del plató y las cámaras, puede conducir a sentimientos reales y profundos de soledad, ansiedad y depresión. Y mientras estás allí, parado, te pierdes todas las increíbles historias que las personas que hay a tu alrededor tienen para compartir.

Sin las conexiones humanas auténticas, nuestro sistema de apoyo se desmorona. No tenemos a nadie con quien celebrar los logros o a quien recurrir en tiempos desafiantes. Y ¿quién quiere terminar su colaboración en el programa sin haber hecho un solo amigo o aprendido una sola lección?

Por lo tanto, incluso si no estás buscando amor, recuerda abrirte a las posibilidades de la vida. Cada interacción, cada risa compartida, cada conversación profunda son esenciales para mantenernos conectados, enriquecidos y en constante crecimiento. ¡No esperes a que un programa de televisión te lo recuerde! La próxima vez, toma la iniciativa, busca conexión y no dejes que el miedo te haga perder otro capítulo en tu vida.

ADH PARA ABRAZAR EL «SIATODISMO»

El poder de las conexiones humanas es inmenso. A través de la interacción y la relación con los demás, descubrimos quiénes somos y qué significa ser humano. Estas son algunas creencias que reflejan la importancia de mantener conexiones:

«Las relaciones enriquecen mi vida».
«Cada persona que conozco tiene algo valioso que enseñarme».
«Mis conexiones con los demás me brindan apoyo y amor».
«Crecer es más fácil cuando lo hago junto a los demás».
«La auténtica conexión humana es irremplazable».

¿Qué pasaría si Aristóteles se presentara en un café y comenzara a hablar sobre conexiones humanas mientras saborea un expreso? Pienso que a lo mejor diría algo como: «El hombre es por naturaleza un animal social». Y aunque Aristóteles no tuviera acceso a Instagram o WhatsApp, acertó en el núcleo de nuestra existencia.

Las conexiones humanas, como él bien señaló hace eones, nos brindan un sentido profundo de pertenencia y propósito. Y no se trata solo de tener muchos comentarios positivos en una publicación. Se trata de esos momentos genuinos en los que nos sentimos valorados, comprendidos y, sí, amados. Estas relaciones nos proporcionan apoyo en tiempos difíciles y multiplican las alegrías en los momentos de felicidad.

Y esto no se detiene ahí. Al igual que un filósofo que plantea preguntas desafiantes, nuestras interacciones diarias nos hacen reflexionar y aprender. Al intercambiar historias, puntos de vista o incluso bromas tontas, no solo reímos, sino que expandimos nuestros horizontes y adquirimos una comprensión más profunda del laberinto que es la vida.

Ahora, el mundo moderno, con sus notificaciones constantes y ritmo frenético, puede ser un poco abrumador. Pero gracias a esas mismas conexiones humanas encontramos refugio. Es en esos momentos de risa compartida, amor y empatía donde nos armamos de valor para enfrentar los desafíos que parecen montañas.

Si Aristóteles levantara su taza de café en un brindis, seguramente sería para celebrar el intrincado tejido de conexiones humanas que, a pesar de los cambios y avances, sigue siendo esencial para nuestra felicidad y bienestar. Porque al final del día todos buscamos ese calor humano, ese apoyo y esa oportunidad de vivir una vida más rica y significativa. ¡Salud! Por más conexiones auténticas y menos *likes* vacíos.

Un hábito para el «siatodismo»

Comer en compañía

Comer juntos es un ritual ancestral que une a las personas. No solo tiene que ver con la comida, sino con compartir, conversar y conectarse con aquellos con quienes nos sentamos a la mesa.

Podría contarte mil historias sobre comidas que me han hecho crecer como persona y sobre personas que he visto crecer en comidas. Pero te quiero contar la historia de una familia con quien compartí mesa una vez y cuya idea de comer juntos me flipó.

En la esquina de una tranquila calle residencial se encontraba la casa de los Martínez. Una familia compuesta por Sofía y Roberto, los padres; los gemelos adolescentes, Diego y Clara; y la abuela Lupe. A simple vista, parecían una familia ordinaria. Pero si te asomaras a la ventana de su comedor varias noches a la semana, descubrirías su pequeño secreto.

La rutina diaria de los Martínez estaba llena de tareas y responsabilidades. Sofía, profesora de primaria, regresaba exhausta de manejar un aula repleta de niños inquietos. Roberto, ingeniero, solía traer consigo el estrés de los proyectos y plazos de entrega. Los gemelos, cada uno con sus mundos tan distintos, navegaban las turbias aguas de la adolescencia, mientras que la abuela Lupe pasaba sus días entre sus programas de televisión favoritos y las llamadas a viejas amigas.

Sin embargo, a pesar del caos diario, había un ritual que todos en la familia respetaban con devoción: la cena juntos al menos un par de veces a la semana. No era una simple comida; era un espacio sagrado para compartir, escuchar y reír. Diego podría hablar sobre su último proyecto de arte, mientras que Clara comentaría su último encuentro de voleibol. Sofía y Roberto intercambiarían miradas cómplices al escuchar las travesuras del día. Y, por supuesto, la abuela Lupe siempre tenía una historia del pasado, sazonada con su sabiduría y humor peculiar.

El valor de esas cenas trascendía el acto de comer. Era el momento perfecto para resolver pequeños conflictos, para aprender uno del otro, y para recordar, entre risas y recetas, la importancia de estar juntos. Y es algo que he aplicado a mi vida y que te recomiendo que hagas tú también, porque no importa lo ocupado que sea el día, siempre hay espacio para los momentos que realmente importan. Y en esa pequeña casa de la esquina, los Martínez encontraban, noche tras noche, el verdadero sabor de la familia.

Pongámonos prácticos: fortalecer lazos a través de las comidas

Objetivo: hacer del momento de la comida una herramienta para conectarse con otros y fortalecer relaciones.

Sin tecnología: recuerda la popular frase que apareció en *El Diario de Patricia* y que las redes han hecho viral: «Ahora coge er morbis y lo tiras», decía esa señora en la televisión. Esa es la actitud que debemos adoptar con nuestros dispositivos electrónicos durante las comidas. Al abandonar los teléfonos, tabletas y cualquier otro aparato, garantizamos un entorno donde todos están verdaderamente presentes, permitiendo que la conversación fluya sin distracciones y facilitando una conexión genuina entre los comensales.

Temas de conversación: para evitar caer siempre en el mismo ciclo de charlas superficiales, puedes proponer un tema de conversación para cada comida. Según el ánimo del grupo, puede ser una charla ligera sobre una película reciente o un tema más profundo como las metas personales para el próximo año. Adaptar la conversación a la ocasión hace que las comidas sean más significativas y enriquecedoras.

Ritual de agradecimiento: no es necesario ser religioso para valorar un momento de gratitud antes de tomar nuestros alimentos. Antes de empezar a comer, haz una pausa para apreciar la abundancia en tu plato y la maravillosa compañía que te rodea. Este acto sencillo nos ayuda a anclarnos en el presente y valorar las pequeñas cosas de la vida.

Involucra a todos: compartir una comida es una oportunidad para conectar. Anima a cada persona en la mesa a contar algo de su día. No importa si es un desafío que enfrentaron, un pequeño triunfo o simplemente una anécdota curiosa; lo esencial es que todos tengan un momento para ser escuchados y sentirse parte de la conversación.

Hazlo regularmente: como cualquier hábito valioso, compartir comidas necesita constancia para ver sus beneficios a largo plazo. Establece días específicos de la semana, como los domingos para una cena familiar o los miércoles para una comida con amigos. Al convertirlo en una tradición, fortalecerás esos lazos con cada encuentro.

Y AHORA, UN RESUMEN PARA QUE QUEDE TODO CLARO

La revolución digital nos ha conectado a todos, pero ¿es real esa conexión? A pesar de la magia de los memes y las redes, a veces parece que nos falta esa charla bajo las estrellas o ese café sincero con un colega. La tecnología no es el villano, el problema es cómo la usamos. En lugar de buscar más *likes*, busquemos conexiones genuinas, esas que te llenan el alma. Porque al final, lo auténtico vale más que mil notificaciones.

LA FRASE INSTAGRAMEABLE

Las conexiones humanas son el puente invisible que nos une, elevando nuestras experiencias y dándole profundidad a nuestra existencia.

XI. CLAVE PARA «SÍ A TODO»: GRATITUD

AGRADECIDO... Y SIN GANAR LA LOTERÍA

CAPÍTULO 13

El del día que tropecé con un perro

Cada mañana me embarco en una peculiar tradición que comenzó un frío día de otoño. Aunque pueda sonar a cliché, te aseguro que ha cambiado mi vida, y no, no estoy hablando de una nueva aplicación para *smartphone*, ni de un truco de meditación importado del Tíbet. Es algo más sencillo y, sin embargo, tremendamente poderoso: mi ritual de agradecimiento. Lo sé, lo sé, dicho así parece algo relacionado con eso de que «tú sueña muy fuerte y se cumplirá», pero en realidad es algo mucho más terrenal. Déjame que te cuente el día que empecé a hacerlo.

El barrio en el que vivo no tiene nada de particular. Los edificios parecen cansados de mantenerse en pie, y la rutina diaria de sus habitantes es como una escena de esas películas en blanco y negro que a veces ponen en la tele por las tardes. Pero aquella mañana, después de tropezar con un perro (quien, por cierto, parecía tener una agenda más ocupada que yo) y derramar mi café encima de mi camisa blanca, decidí que necesitaba un cambio.

Me senté en un banco del parque, con la ropa manchada y un humor de perros, nunca mejor dicho. Y justo cuando estaba a punto de sumergirme en un pozo de autocompasión, una anciana se sentó a mi lado. Con una energía que desmentía su edad, sacó un pequeño cuaderno y comenzó a escribir.

Curioso, me incliné un poco para ver qué anotaba. «Gracias por este banco. Gracias por los árboles. Gracias por la charla que tendré con este joven de al lado que mira con curiosidad lo que escribo». Me quedé de piedra.

—¿Haciendo una lista de agradecimientos? —pregunté, tratando de ocultar mi sorpresa.

Ella sonrió, con esos ojos llenos de historias y sabiduría.

—Sí, todos los días. La gratitud, querido, es mi secreto para la felicidad.

Decidí darle una oportunidad. Quién no lo hubiese hecho después de una escena tan mágica, con una abuelita tan entrañable como coprotagonista.

Al día siguiente empecé con cosas pequeñas: «Gracias por mi café. Gracias por mis zapatos. Gracias por el atardecer». Pero a medida que los días pasaban, la lista se volvía más profunda y personal.

Hablar con esa anciana cambió mi perspectiva. Después de leer mucho sobre el tema, del que encontré libros geniales y otros que no tanto, como con todo, entendí que la gratitud no es solo agradecer lo bueno. Es una expresión de amor y aprecio por todo lo que tenemos, por lo que somos y por quienes nos rodean. Es ver la belleza en las pequeñas cosas, desde un café caliente hasta una conversación con un extraño en un parque.

Con el tiempo también comprendí algo esencial. No estaba dándole las gracias al universo, ni a algún ente místico en las alturas. Me estaba dando las gracias a mí mismo. Agradecido por ser capaz de crear cada experiencia, de mantenerla, de vivirla y, sobre todo, de disfrutarla.

Ahora, cada mañana, dedico unos minutos a mi «Ritual de Agradecimiento». Y aunque todavía tropiezo, derramo café y tengo días malos, tengo la certeza de que, en el fondo, todo está bien. Porque la gratitud me ha enseñado a amar la vida con sus altibajos, y a apreciar cada momento como el regalo que es, un regalo que yo mismo he ayudado a crear.

Sí a la gratitud

Desde tiempos inmemoriales, los seres humanos hemos buscado fuentes de felicidad. Por supuesto, el bienestar material tiene su parte en esta historia, no hay duda de que un golpe de suerte financiero, como ganar la lotería, podría solucionar muchos problemas cotidianos. Pero, si nos detenemos a pensar, muchas de las alegrías más profundas y duraderas no tienen precio, y como decía el anuncio: «para todo lo demás, Mastercard».

Dicen que el filósofo y teólogo medieval Tomás de Aquino argumentaba que la gratitud no es solo un deber de justicia, sino una puerta a la verdadera felicidad. En lugar de siempre mirar lo que nos falta, nos invita a apreciar lo que ya está en nuestras manos. Y en un mundo donde se nos bombardea constantemente con mensajes de lo que «deberíamos» tener o cómo «deberíamos» ser, cultivar un sentido de gratitud es una resistencia pacífica contra la insatisfacción perpetua.

Aquí es donde me voy a atrever a hacer una crítica mordaz a la cultura actual: vivimos en una era de abundancia sin precedentes y, sin embargo, la insatisfacción y la comparación constante parecen estar en su apogeo. La cultura del «siempre más» nos hace creer que nuestra felicidad está a la vuelta de la esquina, en el próximo *gadget*, en el próximo ascenso, en el próximo «algo» que aún no poseemos.

Sin embargo, la verdadera gratitud nos dice algo diferente. Nos dice que la alegría puede encontrarse en el aroma del café de la mañana, en la risa de un amigo, en el cálido abrazo de un ser querido, en el simple hecho de estar vivos un día más.

La gratitud transforma lo ordinario en extraordinario.

No es que aspirar a más o desear mejorar esté mal. Es natural querer crecer y progresar. Sin embargo, si nuestra percepción del valor y la felicidad está exclusivamente ligada a la consecución de metas o adquisiciones materiales, nos encontramos en un camino potencialmente interminable de descontento.

Séneca, el famoso estoico romano, lo decía sin duda mucho mejor que yo: «No es el hombre que tiene poco, sino el que desea más, el que es pobre». De esta manera, la gratitud sale a escena como una práctica liberadora. Nos libera de las cadenas de la insatisfacción, nos ancla al presente y nos recuerda que, a menudo, lo que más importa ya lo tenemos ante nuestros ojos. Y eso es un premio mucho más valioso que cualquier billete de lotería.

Recientemente, investigadores han estado examinando la gratitud a través de una lente científica, y los hallazgos son impresionantes. Un estudio publicado en el 2020 en la revista *Journal of Positive Psychology* analizó a individuos que llevaron un diario de gratitud durante varias semanas. Los resultados mostraron que, en comparación con un grupo de control que no llevó este tipo de diario, aquellos que practicaban a diario la gratitud experimentaban un aumento significativo en su bienestar general. No solo reportaron un mejor estado de ánimo y menos síntomas de depresión, sino que también manifestaron una mayor satisfacción con sus vidas en general. Lo que sugiere este estudio es que la gratitud no es solo una buena sensación momentánea, sino que tiene el potencial de producir cambios duraderos en nuestro estado emocional y en nuestra perspectiva sobre la vida. Es fascinante pensar cómo algo tan simple como reconocer y agradecer lo que tenemos puede tener un impacto tan profundo en nuestra salud mental.

Y AHORA, ALGO QUE NO HAS VISTO «JAMÁS»

Unos puntos que nos ayudarán a entender

La gratitud, a menudo subestimada en su poder, es en realidad una de las herramientas más transformadoras que poseemos como seres humanos. No es simplemente un sentimiento que experimentamos después de recibir un regalo o un favor, es una perspectiva, una lente a través de la cual podemos ver el mundo de una manera más rica y matizada. En los altos y bajos que todos vivimos, la gratitud tiene el poder de cambiar no solo nuestra visión interna, sino también la realidad externa que nos rodea.

Una perspectiva renovada. Al adoptar una mentalidad de gratitud, comenzamos a ver oportunidades donde antes veíamos obstáculos. Lo que antes era considerado como una adversidad puede ser visto como una lección valiosa o incluso como una bendición disfrazada. Esta renovada perspectiva puede abrir puertas que antes parecían cerradas.

Conexiones más profundas. Cuando abordamos nuestras relaciones con gratitud, cambia la dinámica. Apreciamos más a las personas, valoramos sus contribuciones y entendemos su valor en nuestra vida. Esta apreciación lleva a conexiones más profundas y significativas, y la reciprocidad se vuelve más genuina.

Impulso para crecer. La gratitud nos da el ímpetu para seguir adelante, para crecer y para buscar lo mejor de nosotros mismos. Cuando reconocemos y apreciamos las oportunidades que ya tenemos, se genera un deseo interno de hacer más, de dar más y de ser más.

Fomento de la resiliencia. Afrontar desafíos y adversidades es una parte inevitable de la vida. Pero con la gratitud como compañera, nuestra capacidad para lidiar con estos desafíos se amplifica. En lugar de desmoronarnos, buscamos lecciones, buscamos el lado positivo y, al final, salimos adelante con más fuerza y sabiduría.

Más allá de ser un mero sentimiento pasajero, la gratitud es una potente fuerza motriz que puede transformar nuestra vida de maneras insospechadas. Actuar con gratitud no solo mejora nuestro bienestar interno, sino que también tiene el potencial de cambiar el mundo que nos rodea. La gratitud nos invita a participar en la vida con un corazón lleno y con ojos que ven la belleza y las posibilidades en cada momento.

ADH QUE HARÁ QUE SIGAS COMO HASTA AHORA

La vida se presenta ante nosotros como un flujo constante de experiencias y momentos, pero cuando dejamos de reconocer y apreciar las bendiciones y oportunidades que se nos ofrecen, nos encontramos atrapados en un ciclo de insatisfacción. Estos son algunos pensamientos de aquellos que no practican la gratitud:

«Siempre me falta algo».
«No importa lo que haga, nunca es suficiente».
«Otros siempre tienen más suerte que yo».
«¿Por qué las cosas buenas nunca me pasan a mí?».
«Nada de lo que tengo me satisface?».

Imagínate por un momento que estás sentado en una elegante sala de cine de la década de 1950, con luces tenues y el sonido de una orquesta que toca en el fondo. La cortina se levanta y comienza una película de Billy Wilder. El título: *El desagradecido* (no la busques, me la acabo de inventar). La trama se centra en un personaje que, al igual que el protagonista de *El apartamento*, vive su vida dando vueltas al olvidar el valor de ser agradecido.

El hecho de no ser agradecido puede llevar a un oscuro túnel de descontento y melancolía, algo que Wilder retrataría con ingenio y una pizca de ironía. Al centrarnos solo en lo que nos falta, podemos terminar caminando por calles llenas de envidia, resentimiento y una amargura que recuerda al whisky agrio que el protagonista podría beber en un bar solitario.

Y aquí entra la escena clave: nuestro protagonista, mirando desde la ventana de un rascacielos, ve a las personas abajo, cada una absorta en sus propios mundos, comparándose constantemente con los demás. Esta visión le recuerda lo dañino que es medir nuestra vida basándonos en la de otros. Este acto no solo erosiona la autoestima, sino que crea un halo de pesimismo, haciendo que quienes están a su alrededor se retraigan, evitando su nube de negatividad.

Pero, como en toda película de Wilder, hay esperanza. En un giro inesperado, nuestro protagonista se da cuenta de que, al no apreciar las pequeñas cosas, ha estado viviendo en la superficie de su propia existencia. Ha perdido la capacidad de sumergirse en la rica telaraña de experiencias que la vida ofrece, y de conectarse genuinamente con el mundo y con su verdadero yo.

Lo que te quiero decir —que sé que a veces me paso con la metáfora—, es que antes de que caigas en el guion de *El desagradecido*, recuerdes que la vida es una serie de escenas, algunas buenas, otras no tanto. Pero, al final, como Wilder nos enseñó, todo se reduce a cómo eliges ver y apreciar esas escenas. La gratitud, después de todo, podría ser el guionista que necesitas para reescribir tu historia. Y como Joe E. Brown le dice a Jack Lemmon al final de *Some Like It Hot*: nadie es perfecto.

ADH PARA ABRAZAR EL «SIATODISMO»

La gratitud es un regalo que elegimos darnos a nosotros mismos. Es el acto consciente de apreciar lo que tenemos, independientemente de nuestras circunstancias. Estas son algunas creencias que reflejan la importancia de vivir con gratitud:

«Cada día trae sus propias bendiciones».
«Valoro todo lo que tengo y todo lo que soy».
«La vida es un regalo, y cada momento cuenta».
«Los desafíos también traen lecciones valiosas».
«La gratitud me llena de alegría y esperanza».

Cuando era más joven, cada mañana desplegaba el periódico *El País*, de mi padre, sobre la mesa del desayuno y, antes de cualquier otra noticia que le pudiese interesar a un crío de mi edad, me sumergía en la tira cómica de «Calvin and Hobbes». Ahí estaban Calvin, ese niño travieso, y su tigre de peluche (vivo solo en su imaginación), enseñándonos las maravillas de la vida desde la óptica de su inocente infancia. En más de una ocasión, esas maravillosas tiras nos enseñaron, a base de *gags*, cómo Calvin encontraba alegría en las cosas más simples, una suerte de gratitud espontánea que tanto nos hace falta en la vida adulta.

Ser agradecido, como bien nos enseñaba indirectamente Calvin, tiene el mágico poder de metamorfosear nuestra existencia. Al adoptar una mirada de agradecimiento, el mundo se tiñe de colores más brillantes, sintonizando nuestra mente con las notas más armónicas de la vida, que nos brindan experiencias enriquecedoras.

Pero no solo se trata de ver el vaso medio lleno. La gratitud va más allá y actúa casi como una medicina para el alma y el cuerpo. Los beneficios son palpables: menor estrés, sueño más reparador y un escudo fortificado contra las enfermedades. Y sí, incluso en las adversidades más espinosas, la gratitud nos ofrece unas gafas especiales que revelan oportunidades ocultas, recordándonos que, al final del día, siempre hay algo que aprender.

Y en ese estado de apreciación, como Calvin mirando las estrellas o imaginando mundos lejanos con su inseparable Hobbes, conectamos con el inmenso tapiz del universo. Sentimos el latido del mundo, la interrelación de cada ser y acontecimiento y, de repente, cada amanecer se convierte en un milagro esperando ser vivido. Me ha quedado poético, soy consciente, pero es que lo veo tal cual.

La cuestión es que ya sea que te inspire una tira cómica o una puesta de sol, la gratitud es esa llave dorada que abre las puertas de la alegría, el sosiego y el bienestar. Es la melodía que nos invita a bailar al ritmo de la vida, apreciando cada nota, cada paso y cada instante. ¡Gracias, Calvin, por recordármelo!

Un hábito para el «siatodismo»

Regalar

La acción de dar algo a alguien, sin esperar nada a cambio, es una manifestación tangible de gratitud. No tiene que ser algo material o caro; a menudo, los regalos más significativos son aquellos que vienen del corazón.

Hace muchos años acudió a mí Sofia, una chica con ataques de pánico por una situación difícil. Mientras charlábamos sobre la vida me habló de un amor que había tenido en la adolescencia y que jamás había conseguido olvidar. Me contaba Sofía que, sentada en el sofá, miraba una vieja foto que le mostraba a ella junto a su amiga, Elena. Recordaba aquel día de sol, de risas incontenibles y de promesas sobre un futuro juntas. Aquellas memorias evocaban tiempos más sencillos, antes de que la vida las pusiera a prueba.

Tras enfrentar desafíos personales y una distancia emocional que se había interpuesto entre ambas, Sofía sintió, con un pequeño empujón de mi parte, que había llegado el momento de demostrar su agradecimiento. Con una hoja en blanco y una pluma, decidió escribir una carta a Elena. No solo para recordar viejos tiempos, sino para agradecerle su amor y apoyo inquebrantables.

Escribió sobre las noches en vela, las conversaciones bajo las estrellas, y sobre cómo, a pesar de las adversidades, la constante había sido el amor de Elena. Con cada palabra se dejaba llevar por los recuerdos, y el papel se impregnaba con su sinceridad y gratitud.

Quiero imaginar que, al día siguiente, Elena encontró la carta en su buzón. Mientras la leía, las lágrimas caían por sus mejillas. Aquella carta, en su sencillez, significaba más que mil palabras dichas a la ligera. Era un puente que cruzaba el abismo que se había creado entre ellas y, a la vez, una promesa de un futuro juntas.

Es sencillo darnos cuenta a través de historias como esta de que la gratitud, cuando se expresa con sinceridad, tiene el poder de sanar heridas y reavivar llamas que creíamos extintas. En la vida no siempre tenemos el control de lo que sucede, pero siempre podemos decidir ser agradecidos. Esos actos de reconocimiento y aprecio, como escribir una carta, pueden ser la chispa que ilumina nuestras relaciones más preciadas.

Pongámonos prácticos: manifestar gratitud a través de regalos

Objetivo: fomentar la gratitud en nuestras vidas a través de acciones que manifiesten nuestro agradecimiento hacia los demás y el mundo que nos rodea.

Regalos desde el corazón: es fácil comprar algo en una tienda, pero aquellos regalos que se hacen desde el corazón son verdaderamente invaluables. Imagina preparar a mano una carta escrita o una comida especial para alguien que aprecias. Por ejemplo, si sabes que a tu madre le encanta un tipo específico de pastel que solía hacerle su abuela, ¿qué tal si intentas prepararlo para ella? El esfuerzo y la intención detrás de tal gesto hablan más fuerte que cualquier regalo comprado.

Actos de bondad aleatorios: pequeños actos de bondad pueden iluminar el día de alguien sin que esta persona lo espere. Por ejemplo, en un día frío, podrías comprarle un chocolate caliente a alguien que se encuentra viviendo en la calle o, si estás en un estacionamiento y ves que alguien está intentando cargar sus bolsas, ofrecer tu ayuda. Estos actos inesperados pueden significar mucho para la persona que los recibe y te llenarán de una satisfacción genuina.

Agradece personalmente: en un mundo dominado por la comunicación digital, un agradecimiento en persona adquiere un valor especial. Por ejemplo, si un compañero de trabajo te ayudó en un proyecto, en lugar de enviarle un correo electrónico de agradecimiento, camina hasta su oficina y dale las gracias en persona. Verás que esta conexión humana fortalecerá vuestra relación.

Dona: la donación es una forma poderosa de expresar gratitud, especialmente si es algo que te ha tocado personalmente. Supongamos que pasaste por una enfermedad y recibiste apoyo de una organización. Donar a esta misma entidad es una forma de devolver ese cariño y apoyo que te brindaron. Así no solo demuestras tu agradecimiento, sino que también ayudas a que otros reciban la misma asistencia.

Celebra la gratitud: la idea de tener un día dedicado a la gratitud te permite detenerte y realmente apreciar las bendiciones en tu vida. Puede ser tan simple como levantarte ese día y escribir en un diario todas las cosas por las que estás agradecido. O tal vez quieras hacerlo más grande, organizando una cena en la que invites a tus seres queridos y todos compartan algo por lo que se sientan agradecidos. Esta práctica mensual te recordará de forma constante las razones para estar agradecido y, con el tiempo, transformará tu perspectiva general sobre la vida.

La gratitud es una fuerza poderosa que puede transformar tu perspectiva, y regalar es una manera concreta y amorosa de manifestar ese sentimiento hacia otros.

Y AHORA, UN RESUMEN PARA QUE QUEDE TODO CLARO

En nuestra búsqueda de felicidad, a menudo olvidamos el valor de la gratitud. A pesar de vivir en tiempos de abundancia, la insatisfacción prevalece debido a la cultura del «siempre más». Tomás de Aquino y Séneca nos recuerdan que la gratitud es una puerta a la alegría verdadera, que se halla en momentos simples. En lugar de enfocarnos en lo que nos falta, apreciemos lo que ya tenemos. La gratitud transforma lo cotidiano en algo especial y nos libera de la eterna insatisfacción.

LA FRASE INSTAGRAMEABLE

La gratitud transforma lo cotidiano en maravilloso, convirtiendo cada instante en una melodía de apreciación.

XII. CLAVE PARA «SÍ A TODO»: INTEGRIDAD

TAN RECTO QUE NO PUEDO NI BAILAR CUMBIA

CAPÍTULO

14

El del día que decidí cuadrar la caja

Si hay algo que he aprendido a lo largo de los años es que los pantalones de campana pueden volver a estar de moda y que el amor verdadero puede ser tan difícil de encontrar como una aguja en un pajar. Pero más allá de las tendencias y de los dramas amorosos, hay un principio que me ha guiado en la vida y al cual cada vez le doy más valor: la integridad.

Durante una época de mi vida trabajé en una tienda de *jeans* en el centro de la ciudad. El local, propiedad del señor Alfonso, un hombre con una peculiar afición por las botas y los sombreros de *cowboy* y una mirada que siempre parecía estar evaluándote, era un hervidero de actividad. Yo era el encargado de las ventas, y, cada martes, Alfonso me daba un sobre repleto de billetes para que lo ingresara en el banco.

Un martes en particular me encontré por la tarde en casa con el sobre todavía en el bolsillo. No recuerdo qué fue lo que me distrajo, podría haber sido un encuentro casual con una vieja amiga o simplemente la tentadora oferta de comer unos tacos en el camino de vuelta. La cuestión es que el sobre con el dinero de la tienda había terminado en mi casa.

Sentí cómo una ola de pánico se apoderaba de mí, pero me armé de valor y regresé a la tienda. Al entrar, una de las empleadas me comentó que habían pasado una tarde caótica intentando cuadrar la caja, pero que, milagrosamente, lo habían conseguido. Podría haberme quedado con ese sobre, nadie se hubiera dado cuenta. Sin embargo, lo devolví.

Alfonso, que siempre parecía saber más de lo que dejaba entrever, me lanzó una mirada perspicaz y luego, con una media sonrisa, simplemente asintió. Aquel sencillo gesto, más que cualquier lección o regaño, me enseñó el verdadero valor de la integridad.

Con los años, he comprendido que la integridad no es solo un concepto ético abstracto. Es una manifestación de amor propio, es un potenciador extremo hacia el «siatodismo».

Cuando actúas con integridad te estás diciendo a ti mismo que eres digno de respeto. Y, al mismo tiempo, estás mostrando respeto hacia los demás. No se trata solo de ser honesto, sino de vivir conforme a tus principios, incluso cuando nadie está mirando o cuando es tentador hacer lo contrario.

La integridad no siempre te hará ganar amigos o te hará popular. Pero al final del día, cuando apoyas la cabeza en la almohada, te permite dormir con la conciencia tranquila, sabiendo que hiciste lo correcto. Y en un mundo donde tantas cosas son inciertas, tener esa certeza interna es un regalo inestimable. Y ahora podríamos discutir durante páginas y páginas sobre lo que es correcto y lo que no, pero no lo voy a hacer, ya hemos hablado de libertad. Lo que sí te voy a decir para concluir es que la vida me ha mostrado que, aunque la moda y las circunstancias cambien, la integridad es un valor atemporal. Al actuar con principios y honestidad, no solo te estás dando amor a ti mismo, sino que estás construyendo puentes de confianza y respeto con los demás. Y eso, querido lector, vale más que cualquier tesoro.

SÍ A LA INTEGRIDAD

La integridad, ese rasgo que nos lleva a hacer lo correcto incluso cuando nadie está mirando, es una cualidad que parece estar en extinción en tiempos donde la flexibilidad moral es la moneda corriente.

Decía Immanuel Kant que la moralidad no trata de actuar de acuerdo con las normas, sino de actuar de acuerdo con un imperativo que reside en nosotros mismos, una especie de brújula interna que siempre nos señala el norte correcto.

En una sociedad que a menudo valora la astucia, el «sálvese quien pueda» y la habilidad de salirse con la suya, ser íntegro puede parecer un acto de rebeldía. Pero ¿y si te dijera que, más allá de la aprobación social o del beneficio inmediato, la integridad es uno de los cimientos de una vida auténticamente plena y significativa?: es una puerta de entrada directa a vivir en modo «Sí a todo».

El problema al que nos enfrentamos hoy en día es el de la cultura de lo inmediato. Se premia el éxito rápido, aunque sea a expensas de otros. La idea de «ganar a toda costa» se ha infiltrado en diversos ámbitos de nuestra vida, desde los negocios hasta las relaciones personales. No nos hemos detenido a pensar en las consecuencias a largo plazo de sacrificar nuestra integridad por victorias efímeras.

Sin embargo, la historia y la filosofía nos muestran una y otra vez que aquellos que viven con integridad, aunque puedan enfrentar desafíos a corto plazo, cosechan beneficios duraderos. Sócrates eligió morir antes que renunciar a sus principios y a su búsqueda de la verdad. Si bien es cierto que no todos afrontaremos decisiones tan extremas, su ejemplo nos recuerda el poder que sientes cuando permaneces fiel a ti mismo.

Pero ¿qué beneficios aporta realmente la integridad? Para empezar, la paz interna. Saber que has actuado correctamente, que no tienes nada que ocultar, que tu conciencia está limpia, es una satisfacción que no tiene precio. A mí me hace mucha gracia cuando veo gente que se vuelve loca porque ahora nos controlan todo lo que hacemos con la tecnología, «que controlen lo que quieran —pienso— yo no tengo nada que esconder».

Además, cuando actuamos con integridad, construimos relaciones más fuertes y auténticas. La gente confía en quienes saben que no cambiarán de parecer o de valores según sople el viento.

Entonces sí, en un mundo que parece bailar al ritmo de la cumbia de la conveniencia, ser alguien «tan recto que no puede bailarla» no es una debilidad, es una fortaleza. Es un recordatorio de que, al final del día, nuestra integridad es uno de los pocos tesoros que realmente poseemos. Y, en un mundo donde todo parece tener un precio, ser inquebrantablemente auténtico es un acto de resistencia y, sobre todo, de amor. Porque al ser fieles a nosotros mismos mostramos el más profundo respeto hacia los demás.

Y AHORA, ALGO QUE NO HAS VISTO «JAMÁS»

Unos puntos que nos ayudarán a entender

En esta vida nos encontramos a menudo en encrucijadas que nos invitan a decidir entre lo fácil y lo correcto. A veces, el murmullo del mundo y sus tentaciones efímeras pueden hacernos olvidar la importancia de mantenernos fieles a nosotros mismos y a nuestros principios. La integridad, ese noble ideal que evoca imágenes de caballerosidad y honor, no es meramente una cualidad que pertenece a tiempos pasados o a páginas de un libro. Es una fuerza viva, dinámica y esencial, que tiene el poder de cambiar nuestra vida y la de quienes nos rodean. Más que un simple acto, la integridad es una forma de vida, un baile constante entre nuestras acciones y nuestros valores. Es el «Baile Recto» que, aunque no siempre sea fácil, tiene el poder de transformarnos y conducirnos hacia una existencia más auténtica y plena.

La integridad no es solo un concepto abstracto para discutir en círculos filosóficos, es una herramienta poderosa que puede transformar tu vida diaria y tus relaciones.

Construcción de confianza. En las relaciones humanas, ya sean profesionales, personales o románticas, la confianza es un pilar fundamental. Al actuar con integridad consistentemente, te ganas la confianza de los demás. Esto no solo facilita la colaboración, la comunicación y el apoyo mutuo, sino que también genera un ambiente de respeto y sinceridad.

Reducción del estrés. En un mundo saturado de expectativas y presiones, es fácil caer en la tentación de las falsedades o comprometer nuestros principios para obtener un alivio momentáneo. Sin embargo, cuando eliges vivir con integridad, reduces el estrés relacionado con mantener apariencias o afrontar las consecuencias de actos deshonestos. Hay una tranquilidad especial provocada por el conocimiento de que has actuado correctamente.

Fortalecimiento del autoconcepto. Cada acción, palabra y decisión que tomas es un reflejo de quién eres. Al elegir la integridad como guía, refuerzas una imagen positiva de ti mismo. Esta no es una vanidad superficial, sino una profunda autoestima que se construye alineando tus acciones con tus valores.

La integridad, más que una mera palabra o ideal, es una filosofía de vida que tiene el poder de elevarnos y una pieza muy importante para conseguir aplicar ese «Sí a todo» que poco a poco estamos formando. Es el baile que, aunque pueda parecer recto y riguroso, nos libera y nos lleva hacia un destino de autenticidad, respeto y amor propio. Eligiendo la integridad, eliges una coreografía que trasciende el tiempo y deja una marca indeleble en el corazón de aquellos a quienes tocas. Es, en esencia, el verdadero arte de vivir.

ADH QUE HARÁ QUE SIGAS COMO HASTA AHORA

En la travesía de la vida, la integridad se presenta como un faro que guía nuestras acciones y decisiones. Pero cuando ese faro se apaga y dejamos de actuar con integridad, nos adentramos en un territorio oscuro y peligroso. Algunos pensamientos que reflejan la falta de integridad incluyen:

«Si nadie se da cuenta, no importa».
«Todos lo hacen, ¿por qué no yo?».
«Un pequeño engaño no hace daño».
«No es tan malo como parece».
«Solo estoy cuidando de mí mismo».

¿Recuerdas esa vez en *The Big Bang Theory* en que Sheldon tiene que mentir por Leonard y termina siendo un completo desastre? Esa escena cómica y memorable pone en relieve cómo incluso las pequeñas desviaciones de la verdad pueden complicar nuestras relaciones y desencadenar una serie de eventos impredecibles, y nos demuestra que todos tenemos algo de Sheldon en nuestro interior.

Vivir sin integridad es como ser Sheldon afrontando una situación social desconocida: complicado, desconcertante y, a menudo, con resultados imprevistos. Las consecuencias no solo afectan cómo nos relacionamos con los demás, sino también cómo nos vemos a nosotros mismos. Sin integridad, uno puede sentirse perdido en un mar de inseguridades, constantemente preocupado por cuándo se revelarán las verdades ocultas.

Del mismo modo que las mentiras y malentendidos en el grupo de amigos de Pasadena a menudo se convierten en situaciones hilarantemente complicadas, en la vida real, una pequeña deshonestidad puede desencadenar una bola de nieve de engaños. Esta red intrincada, lejos de ser simplemente el tema de un episodio humorístico, es extenuante de mantener y puede terminar costándonos la confianza y el respeto de aquellos que más apreciamos.

Vivir sin integridad es como tratar de entender el «Contrato de compañero de piso» de Sheldon sin leer las cláusulas ocultas. Te lleva a un terreno incierto, confuso y, a veces, absurdo. Necesitamos esa brújula moral, ese conjunto de reglas no escritas, para navegar a través de la complejidad de la vida, tal y como Leonard, Howard, Raj y Penny han aprendido, a menudo por las malas, al tratar con las peculiaridades de Sheldon. La integridad es la guía que nos ayuda a mantener el rumbo, incluso cuando las cosas se ponen un poco... teóricas.

ADH PARA ABRAZAR EL «SIATODISMO»

Actuar con integridad es elegir el camino de la verdad, la honestidad y la congruencia entre lo que decimos y hacemos. Estas son algunas creencias que reflejan el poder de la integridad:

«Mi palabra es mi compromiso».
«Actuar con integridad me brinda paz interna».
«La honestidad construye confianza».
«Mis acciones reflejan mis valores».
«Vivo con autenticidad».

En las frías tierras de Westeros, como bien demostró *Juego de tronos*, la lealtad y la integridad eran valores que podían determinar el destino de reinos enteros. Ned Stark, señor de Invernalia, con su fuerte sentido de la integridad no solo consiguió ganarse el respeto de muchos, sino que también dejó un legado duradero en sus hijos y en la historia de los Siete Reinos.

La integridad, al igual que el acero valyrio, tiene el poder de construir puentes indestructibles y fortalecer alianzas que pueden perdurar generaciones. Cuando mostramos integridad nos convertimos en una fortaleza en la que los demás pueden confiar, sabiendo que nuestra palabra es tan firme como un juramento ante los Antiguos Dioses y los Nuevos. Esta confianza va más allá de las murallas de un castillo, permeando cada rincón de nuestras vidas y generando oportunidades insospechadas. Y va tan ligada a nosotros y es algo tan importante para abrazar el «siatodismo» que te podría poner cualquier ejemplo de series y te darías cuenta de que el que te cae mejor siempre es el personaje más íntegro.

Y aunque los Lannister nos enseñaron que «un león no se preocupa por la opinión de las ovejas», actuar con integridad nos otorga una paz interna que es más valiosa que cualquier tesoro de Roca Casterly. Nos da la seguridad de que, independientemente de las intrigas y juegos de poder que nos rodeen, nuestra brújula interna nos guía con firmeza hacia el verdadero norte.

Elegir el camino de la integridad en un mundo donde, como en Desembarco del Rey, las máscaras y las pretensiones son el pan de cada día, es un acto de valentía comparable al de enfrentarse a un dragón sin nada más que nuestro honor como escudo. Mientras que las traiciones y engaños pueden ofrecer ventajas temporales, es la integridad la que deja una huella imborrable, un legado que resiste el paso del tiempo, al igual que las historias contadas en toda la saga de Canción de Hielo y Fuego. Es el verdadero trono que cada uno de nosotros puede y debe conquistar.

Un hábito para el «siatodismo»

Registro de decisiones ¡mientras cocinas!

Cocinar es una actividad que, para muchos, implica mucho más que la simple preparación de alimentos. Es un acto de cuidado, un ritual que nos conecta con lo que comemos y con aquellos para quienes cocinamos. A medida que mezclamos ingredientes y probamos sabores, también podemos mezclar reflexiones y probar nuestras decisiones del día.

Fíjate en el ejemplo de Raúl, un viejo amigo mío que, desde un modesto apartamento del centro de la ciudad, revolvía su salteado mientras el aroma de las verduras frescas inundaba el ambiente. No era solamente un chef en su cocina, también era un filósofo de su vida. Para él, cada cena era una oportunidad no solo de nutrir su cuerpo, sino también de alimentar su alma.

Con cada corte de su cuchillo, la mente de Raúl danzaba entre los eventos del día. Los pimientos rojos le recordaban a las veces que su temperamento se había encendido; las zanahorias, a las ocasiones en que había mostrado fortaleza y resistencia. ¿Habían sido sus acciones durante el día un reflejo de los valores que sostenía? ¿Había momentos en que podría haber sido más honesto, más valiente, o más compasivo?

Mientras las verduras chisporroteaban en la sartén, Raúl pensó en la reunión matutina con su equipo y en el comentario que había dejado pasar, aunque no estuviera del todo de acuerdo. El pimiento verde le recordó el silencio que había mantenido, preguntándose si ese silencio había sido un acto de paciencia o una omisión de su verdad.

Por último, al probar la sazón, reflexionó sobre los momentos en que su vida necesitaba más sabor, más autenticidad. Quizá, al igual que su cena, había ocasiones en las que necesitaba añadir una pizca extra de coraje o un toque de sinceridad.

No es suficiente con vivir el día a día sin pausa. La reflexión y el autoexamen son esenciales. Como en la cocina, donde la combinación de ingredientes puede transformar una receta, en la vida, la combinación de nuestras decisiones diarias determina el sabor de nuestra existencia. Y, en ocasiones, todo lo que necesitamos es un momento tranquilo con nuestro salteado para encontrar el equilibrio perfecto.

Pongámonos prácticos: fortalecer la integridad mientras cocinas

Ingredientes de integridad: la calidad de los ingredientes determina en gran medida el sabor de un plato. De la misma manera, la calidad de nuestras acciones y decisiones determina la calidad de nuestra vida. Al seleccionar ingredientes frescos y de buena calidad para tus platos, puedes tomar un momento para reflexionar sobre cómo tus valores fundamentales influyen en tus decisiones. Por ejemplo, cuando sazones con sal, permite que simbolice la honestidad en tu vida; y al añadir hierbas frescas, recuerda la lealtad y el compromiso con los que quieres actuar.

Saborea tus decisiones: al igual que degustas cada bocado de tu comida para evaluar su sabor, piensa en las decisiones que has tomado durante el día. ¿Fueron consistentes con tus valores? ¿Hubo algún «sabor» en tu día que sentiste que no estaba alineado con tu integridad? Al probar un plato particularmente delicioso, piensa en cómo esas decisiones acertadas mejoraron tu día.

Tiempo de cocción = Tiempo de reflexión: cocinar a menudo implica períodos de espera, ya sea esperando que el pan suba o que la pasta alcance la perfección al dente. Estos son los momentos ideales para una pausa reflexiva. Mientras observas la ebullición del agua o el dorado de una pieza de pan en el horno, dedica un momento para pensar en hasta qué punto estuviste a la altura de tus estándares personales durante el día.

Receta de autenticidad: tener una libreta en la cocina puede ser una herramienta maravillosa. Además de guardar tus recetas favoritas, dedica unas páginas para anotar pensamientos o reflexiones sobre integridad. Podrías escribir sobre una decisión que te hizo sentir especialmente orgulloso o una situación en la que sentiste que podrías haber actuado con más autenticidad.

Mejorar la receta: las recetas, como nuestras acciones, no son estáticas. A menudo, después de probar un plato, decidimos hacer pequeños ajustes la próxima vez para mejorar el sabor. Del mismo modo, tras una introspección, podrías encontrar áreas en las que quieras mejorar. Si un día te das cuenta de que no actuaste con total integridad, toma la decisión consciente de ajustar tus «ingredientes» internos y actuar con mayor autenticidad la próxima vez.

Convertir la cocina en un espacio de reflexión y crecimiento personal puede enriquecer no solo los platos que preparas, sino también tu sentido de autenticidad y propósito. Es un claro ejemplo de cómo el «siatodismo» puede incorporarse en los rituales cotidianos, dándoles un sabor especial y un propósito profundo.

A través de esta práctica, no solo cultivarás una mayor integridad en tus acciones, sino que también desarrollarás una mayor autoconciencia y autenticidad en tu vida diaria.

Y AHORA, UN RESUMEN PARA QUE QUEDE TODO CLARO

La integridad, actuar correctamente incluso en secreto, es esencial en un mundo que premia la flexibilidad moral y el éxito inmediato. Kant nos enseña que se trata de seguir una brújula interna y no solo normas externas. Aunque pueda parecer anticuado, ser íntegro es fundamental para una vida plena y significativa. A pesar de la cultura de la conveniencia, la integridad brinda paz interna, fortalece las relaciones y genera confianza. En un entorno donde la autenticidad a veces se ve comprometida, mantenerse fiel a uno mismo es un acto valioso de resistencia y respeto hacia todos.

Hábitos que todos los influencers te dicen que tienes que aplicar y que sí, no estaría nada mal, y un secreto que te quiero contar

Espero de todo corazón que hayas visto y comprendido que se puede cambiar. Que tienes el poder de tomar esos hábitos que ya haces todos los días y convertirlos en potenciadores de «siatodismo». Abrazar esta filosofía de vida te lleva a vivir en un mundo donde cada oportunidad, cada desafío y cada experiencia es recibida con un sí resonante, lleno de entusiasmo y energía. Esa es la esencia del «siatodismo»: una filosofía de vida que te invita a sumergirte de lleno en todo lo que el universo te ofrece.

En una era donde el cambio es la única constante, el «siatodismo» no solo es una respuesta audaz a la velocidad del siglo XXI, sino también una declaración de intenciones, una promesa a ti mismo de vivir cada momento al máximo. ¿Por qué? Porque cada sí es una puerta abierta a un nuevo aprendizaje, una nueva aventura, una nueva conexión.

Imagina los límites que podrías traspasar, las alturas que podrías alcanzar si dejaras de lado tus miedos y te abrieras al vasto abanico de posibilidades que te rodea. No se trata de un sí pasivo, sino de uno activo, vibrante y consciente que te lleva a descubrir quién eres realmente.

Sin embargo, el «siatodismo» no va solo de aventura y exploración. Se trata también de aplicar la aceptación, la comprensión y el amor hacia ti y los demás. Al decir sí a los demás, estamos creando un puente de entendimiento, construyendo relaciones más sólidas y auténticas. Y al decirnos sí a nosotros, nos damos permiso para crecer, aprender y amar con todo nuestro ser.

Por supuesto, como con cualquier filosofía, es esencial encontrar el equilibrio, y de eso es justamente de lo que te quiero hablar ahora. El equilibrio es ese secreto escondido que tenemos que aprender a aplicar para poder decir bien alto que somos «siatodistas» de pleno derecho.

Pero antes de ponerme con este tema me parece inevitable hablarte de hábitos que puedes aplicar. Hábitos que te recomiendan en todos los libros de hábitos y en todos los posts de Instagram. Pero te los voy a nombrar yo también sin intención de ponerme pesado con el tema, porque me parece imprescindible que, aunque luego no decidas introducirlos en tu vida, sepas que puedes encontrarlos aquí y que sería buena idea tenerlos como amigos.

Mira, hay hábitos que te van a sentar bien, que van a hacer que estés mejor y que te van a llevar a otro nivel. Eso es indudable. Te los repito, aunque ya los conoces. Come bien, duerme bien, haz deporte, relaciónate con seres queridos y dedícate tiempo de calidad. Básicamente es eso. ¿Y por qué son esos hábitos buenos? Vamos a verlos uno por uno.

Come bien. Sí, la ciencia dice que ciertos alimentos pueden mejorar nuestro cerebro. No estoy hablando de esa tarta de chocolate que te consuela después de una ruptura, sino de alimentos con antioxidantes y omega-3, por ejemplo, que aparentemente pueden ayudarte a recordar dónde dejaste las llaves. Lo sé, lo sé, los carbohidratos son tentadores, pero la ciencia dice que una dieta equilibrada tiene más efectos que simplemente hacernos sentir culpables después de un bufé libre. Al parecer, mejora nuestro cerebro, fortalece las neuronas y reduce el riesgo de enfermedades degenerativas como el alzhéimer, lo que es útil para recordar por qué empezamos esa dieta en primer lugar.

Duerme bien. Dormir es esa actividad que haces entre episodios de tu serie favorita. Resulta que es esencial. ¿Quién lo hubiera pensado? No solo te ayuda a no parecer un zombi, sino que evita que te conviertas en uno. Bueno, al menos en términos de salud. Durante el sueño, el cerebro procesa y consolida recuerdos, elimina toxinas y rejuvenece las células. Dormir te rejuvenece y, como bonus, evita enfermedades. Ojalá también evitara las charlas aburridas en las cenas.

Haz deporte. Sí, moverse. No me refiero a mudarte cada vez que te aumenten el alquiler. Me refiero a ejercicio real. Moverse es bueno. No solo para evitar que tu ropa se encoja misteriosamente, sino porque es bueno para la mente, hace que esta genere endorfinas, neurotransmisores que actúan como analgésicos naturales y elevan el estado de ánimo. Además, el ejercicio ayuda a combatir la depresión y la ansiedad, mejora la memoria y promueve la neurogénesis (creación de nuevas células cerebrales). Los beneficios mentales de levantarse del sofá son numerosos, aunque ya lo sabías.

Socialización y calidad de vida. Interactuar con personas reales nos da vida y eso incluye pasar tiempo de calidad contigo mismo, como escuchar tus propios monólogos internos. La interacción social libera oxitocina, conocida como la «hormona del amor», que nos ayuda a sentirnos conectados y a reducir los niveles de estrés. Además, dedicar tiempo de calidad a uno mismo, ya sea meditando, leyendo o simplemente disfrutando de la naturaleza, permite un espacio de introspección y autodescubrimiento que fortalece nuestra resiliencia y autoconocimiento, componentes esenciales para una vida feliz. Aquí, entre nosotros, esto suena agotador. Pero, aparentemente, hablar con gente real en lugar de gritarle al televisor tiene sus beneficios.

Y dicho esto, vamos al lío y exploremos uno de los secretos mejor guardados para ser feliz, que no es tener un camión como cantaba Loquillo. Es aplicar un equilibrio en tu vida, me explicaré.

Equilibrio es una palabra con un gran significado, pero a menudo subestimada en su poder. Permíteme pintarte un cuadro, una visión que no solo te hará reflexionar, sino que te impulsará a actuar.

Cada uno de nosotros lleva una balanza interna. Una que, si la cuidamos adecuadamente, nos lleva por el camino del éxito, la felicidad y el bienestar. Pero debes entender algo esencial: el equilibrio no es un destino, es un viaje, una constante danza entre el yin y el yang, entre el dar y el recibir.

Piensa en los grandes atletas. Ellos entrenan, sí, pero también descansan. La grandeza no radica en la extenuación, sino en la inteligente interacción entre el esfuerzo y la recuperación. Puedes amar el deporte, pero el cuerpo y el alma necesitan momentos de serenidad. Por eso es importante que lo tengas claro a la hora de implementar nuevos hábitos, no te agotes en el intento, fluye, respeta tus límites, escucha tu interior.

Visualiza el escenario del Royal Albert Hall e imagina que están representando un bonito *ballet*, pongamos por ejemplo *El lago de los cisnes*, que todos conocemos. Esa maravillosa escena donde las bailarinas cruzan los brazos entre ellas y se desplazan de manera lateral como si flotaran encima de una nube no es solo técnica y precisión, sino también pasión y entrega. Del mismo modo, nuestro viaje hacia el equilibrio es un arte en sí mismo. ¿Te encanta el pastel de chocolate? Disfrútalo, pero no dejes que sea tu única melodía.

Permíteme ser directo: tú mereces más que simples momentos efímeros de felicidad. Mereces una vida plena. Y ese bienestar no se encuentra en los extremos, sino en el dulce punto medio, en esa zona mágica donde todo es posible.

¿Ves ese sofá que te invita a quedarte? A veces es tu peor enemigo, pero otras veces es ese aliado que te reta a levantarte y conquistar el mundo. Y sí, conquistar el mundo no significa ser el mejor en todo, sino encontrar tu pasión, tu propósito, tu equilibrio.

Así que te desafío. Te desafío a bailar al ritmo de tu propia música. A que descubras qué es lo que te hace vibrar, lo que te emociona, lo que te hace sentir vivo. Porque, al final del día, el equilibrio no es más que vivir en armonía contigo mismo, con tus sueños y con el universo.

Hazte una promesa hoy: no importa cuántas veces te caigas, siempre te levantarás, siempre buscarás ese equilibrio. Porque dentro de ti hay una fuerza imparable, una luz que brilla con intensidad. Y solo tienes que permitirte brillar, encontrar tu equilibrio y cambiar no solo tu mundo, sino el mundo entero.

Haz de cada día una afirmación de vida, de amor y de aprendizaje. Abraza el «siatodismo» y descubre todo lo que la vida tiene reservado para ti. Porque cuando dices sí al mundo, el mundo te dice sí a ti.

LA FRASE INSTAGRAMEABLE

La integridad es el acero valyrio del alma, que forja confianza y deja un legado imborrable.

CONCLUSIONES

Llegados a este punto, después de todas las páginas, todas las palabras y todas las ideas, nos enfrentamos a la conclusión inevitable y francamente fascinante: todo lo que te he contado hasta ahora es pura subjetividad. Cada línea, cada pensamiento, cada sentimiento destilado en estas páginas ha sido filtrado a través del prisma de mi experiencia y percepción. Cada uno es una parte de la vasta constelación de mi verdad subjetiva.

Y aunque esta revelación puede parecer desconcertante, en realidad es una liberación. Porque una vez que reconocemos la omnipresencia de la subjetividad, nos liberamos del dogmatismo y la rigidez del normativismo. Nos desprendemos de las cadenas de lo que se supone que «debe ser» y nos embarcamos en la aventura de lo que «podría ser». Nos permitimos la libertad de explorar, de cuestionar, de desafiar.

Entonces, ¿qué significa todo esto? Simple. Que debemos abrazar la incertidumbre con curiosidad y mente abierta. Que debemos tratar cada afirmación, cada hecho, con un saludable escepticismo. Y, lo más importante, que debemos estar dispuestos a cambiar de opinión, a crecer, a aprender.

Porque, al final, la única manera de acercarse a la felicidad, de rozarla hasta casi quemarse, es manteniendo una mentalidad abierta y curiosa. De la misma manera que los filósofos estoicos nos enseñaron a aceptar lo que está fuera de nuestro control y Jon Snow nos recordó que siempre hay más por aprender, nosotros también debemos adoptar una actitud de constante búsqueda, de apertura hacia las infinitas verdades subjetivas que existen en el mundo.

Por lo tanto, al cerrar este libro no veas este momento como un final, sino como un comienzo. La puerta a un mundo de posibilidades, de preguntas sin responder, de verdades aún por descubrir. Que estas palabras no sean un cierre, sino una chispa. Una chispa que encienda tu curiosidad y tu anhelo de conocimiento.

Porque en esta vida la mayor verdad es que nunca dejamos de aprender. Y es en esa búsqueda continua, en ese incansable cuestionamiento de nosotros mismos y del mundo que nos rodea, donde encontramos nuestra verdadera felicidad. Porque, como siempre, el viaje es más importante que el destino.

No me resisto a la tentación de culminar con una cita de *Friends*, una serie que, a mi parecer, comparte con este libro una extraña pero maravillosa similitud. Ambos, en su esencia, son como una comedia ligera que, a través de sus bromas y situaciones cotidianas, nos da mucho en que pensar y reflexionar. Y quizá la frase más apropiada para este momento proviene del mismísimo Ross Geller, cuando en su momento de desesperación gritó: «¡Estábamos en un descanso!».

Porque, querido lector, al igual que Ross y Rachel, nosotros también estamos en un «descanso». Pero no es un final, sino una pausa. Un momento para reflexionar, para digerir lo que hemos aprendido, para cuestionar nuestras verdades. Y, sobre todo, para prepararnos para todo lo que queda por descubrir, por aprender, por vivir.

Así que, mientras cierras este libro, te invito a que hagas de estas palabras tu mantra, tu brújula, tu punto de partida en este continuo viaje de descubrimiento: «¡Estamos en un descanso!». Un descanso para cuestionar, para aprender, para crecer. Un descanso que, espero, te acerque a ese resplandor de la felicidad, a esa curiosidad incesante que tanto enriquece nuestras vidas.

EL ÚLTIMO CAPÍTULO

El del día que copié en clase

Siempre me habían dicho que copiar estaba mal. «Copiar es trampa», decían mis profesores. «Como te pille copiando...», repetía mi tutor. A pesar de que esta filosofía me ha guiado durante gran parte de mi vida, hubo un día en particular en el que esta creencia se puso patas arriba.

Era un día aparentemente normal. Estaba viendo una conferencia, escuchando al exitoso emprendedor Mark Harrison hablar sobre su recorrido empresarial. Entre todas las anécdotas y consejos que compartió con la audiencia, hubo uno que se me quedó grabado: «Si quieres tener éxito, encuentra a alguien que ya lo tenga y copia lo que hace». Al principio, esta idea me chocó. Pero, mientras escuchaba a Mark hablar sobre cómo había modelado sus estrategias de negocio y hábitos personales a partir de sus mentores, comencé a ver la sabiduría en sus palabras.

Y así, dejé de lado mis prejuicios sobre la copia y decidí darle una oportunidad. Hice una lista de las personas que admiraba, observé sus hábitos y empecé a implementar esos patrones en mi vida. Los resultados fueron asombrosos. Mi productividad aumentó, mis habilidades de liderazgo mejoraron y mi perspectiva de vida se amplió.

El último y tal vez el más significativo de estos experimentos ocurrió cuando decidí compartir un despacho con mis dos amigos, Nacho y Enric. Ambos tienen una increíble habilidad para disfrutar de la vida, algo con lo que siempre he tenido problemas. Nacho, con su carisma y su despreocupación, me recuerda mucho a Joey de *Friends*. Siempre tiene una sonrisa en la cara y nunca deja que los contratiempos le afecten. Por otro lado, Enric, con su ingenio y su sarcasmo, es el Chandler de nuestro grupo. Siempre tiene una respuesta ingeniosa y sabe cómo encontrar el humor en cualquier situación.

Al compartir un despacho con ellos, empecé a copiar sus patrones de comportamiento. Empecé a tomarme la vida con más ligereza, a disfrutar más de las pequeñas cosas y a no preocuparme tanto por lo que no podía controlar. Y aunque todavía tengo mucho que aprender, he descubierto que esta nueva perspectiva me ha ayudado a vivir una vida más plena y feliz.

Y sí, en caso de que te lo estés preguntando, me veo a mí mismo como Ross en nuestro grupo. Soy un poco torpe, tiendo a preocuparme por las cosas y, al igual que Ross, tiendo a analizar demasiado las cosas, a buscar respuestas lógicas en situaciones que, en realidad, no las requieren. Pero, a pesar de estas peculiaridades, me siento agradecido por la oportunidad de aprender de mis amigos y de crecer con ellos.

A pesar de nuestras diferencias, y tal vez gracias a ellas, hemos logrado formar un equipo increíble. Y aunque aún tengo mucho que aprender de Nacho y Enric, me emociona seguir copiando sus hábitos y continuar creciendo junto a ellos.

Y si aún necesitas un recordatorio, deja que te ofrezca una frase final de Ross Geller que, aunque no siempre fue el más sabio, en ocasiones supo decir exactamente lo que se necesitaba: «No importa lo mucho que te asuste, es peor no arriesgarse».

Así que recuerda que el cambio es posible. Que puedes aprender de los demás y que puedes convertirte en la mejor versión de ti mismo. Que cada día es una nueva oportunidad para hacerlo mejor, para ser mejor. Que, como Joey, puedes aprender a disfrutar de la vida. Que, como Chandler, puedes encontrar humor incluso en las situaciones más difíciles. Y que, como Ross, puedes aprender a no tomarte todo tan en serio y dar ese salto de fe, aunque te asuste.

La vida está llena de risas, lágrimas, amor, amistad y, lo más importante, oportunidades para crecer y aprender. Siempre habrá obstáculos, pero no te preocupes, porque, al igual que en cualquier *sitcom*, siempre encontrarás una manera de superarlos y seguir adelante.

Por último, recuerda que, aunque todos seamos un poco diferentes, en esencia somos como los personajes de una comedia. Todos estamos tratando de encontrar nuestro lugar en el mundo, de entender quiénes somos y de ser felices. No importa lo lejos que estés de tu objetivo, recuerda que, al igual que Ross, Rachel, Monica, Chandler, Joey y Phoebe, siempre tienes la capacidad de aprender, de crecer, de cambiar y de convertirte en algo que a lo mejor ahora mismo ni imaginas, te lo digo por experiencia.

Gracias por acompañarme en este viaje a través de las páginas de este libro. Espero que haya sido tan divertido para ti como lo ha sido para mí. Y no veo una mejor manera de cerrar que con las palabras inmortales del tema de apertura de *Friends*: «*I'll be there for you, cause you're there for me too*» [Estaré ahí para ti, porque tú también estás ahí para mí].

Te deseo todo lo mejor en tu viaje de crecimiento y aprendizaje. Mantén la mente abierta, sigue adelante con coraje y nunca olvides reír. Después de todo, somos todos un poco como *Friends*, ¿no es así?

Hasta la próxima, querido amigo.

CRÉDITOS

Escribir este libro ha sido para mí más difícil que explicar la trama de *Interstellar* en lo que dura un viaje de ascensor. Primero porque es el primero que no trata sobre ansiedad, un tema que ya tengo más trillado que la acera central de la rambla de Catalunya. Segundo, porque siempre he considerado que mis opiniones podrían ser tan relevantes como un tenedor en una sopa.

Pero un buen amigo me recordó hace poco que no comparto mis experiencias esperando ser el centro de atención, sino con la humilde esperanza de que puedan ser útiles a alguien. Así que aquí está este libro, un modesto regalo, ojalá sea de ayuda.

Quiero usar este capítulo de «créditos» como un momento para el agradecimiento, porque uno no escribe un libro solo; lo teclea, pero las ideas las aporta toda esa gente que te acompaña, aunque sea de manera inconsciente, en el proceso. Lo voy a hacer como si saltasen los créditos al final de una película, porque ya habrás comprobado después de leerlo que este libro está plagado de referencias cinematográficas y televisivas. Y es que hace un tiempo discutía con un buen amigo si se podía hacer un libro de crecimiento personal que fuera divertido, ameno y con referencias populares en vez de llenarlo de estudios científicos y frases de psicólogos importantes. He procurado hacer las dos cosas y mantener un equilibrio entre ellas, aunque creo que al final he hablado más de *Friends* y *Dragon Ball* que de Nietzsche y Platón. En fin, que me voy por las ramas. La cuestión es que mucha gente me ha ayudado a que esto se haga realidad, así que, sin más, en la pantalla grande, la música empieza a sonar y los créditos comienzan a deslizarse.

Con el patrocinio de
Tú, valiente espectador, que elegiste esta «película» de entre un océano de opciones, creyendo en el poder de nuestras imágenes para dar sentido a tu vida diaria. Agradezco sinceramente tu confianza.

Coproducido por
Elva Boqué, mi esposa, por ser ese apoyo que todo ser humano necesita para sobrevivir a las trampas de este parque de atracciones llamado vida. Te amo, Elva.

Edición y dirección
Rocío Carmona, que creyó en mí más de lo que yo creía en mí mismo. Marcela, cuyo apoyo incondicional y dirección segura fueron vitales.

Asesoría de guion
Ana Marhuenda, cuyo sabio consejo fue: «Haz que tus espectadores piensen». Ana, espero haber cumplido.

Gerente y asistente de marketing
Marta y Víctor, siempre listos para moverse al ritmo de mis estrategias de marketing, y hacerme poner los pies en el suelo cuando toca.

En colaboración con
Todo el equipo de Diana y Editorial Planeta, que me han hecho sentir tan apoyado y amado como un gato en una fábrica de lana.

Agradecimientos especiales
A tres individuos que han sido faros en este viaje cinematográfico: Xavi Roig, cuyas conversaciones siempre se han convertido en poten-

ciales escenas; Oriol Checa, que ha llevado con fuerza nuestra clínica mientras yo escribía como un loco. Y especialmente a Enric Sánchez, quien me ha aguantado la chapa durante todo el proceso de escritura, me ha regalado cuatro títulos antes de dar con el definitivo «Sí a (casi) todo», que me hizo replantear toda la estructura de la película y ha sido el primer lector en darme su opinión sobre él.

Y con esto, los créditos finalizan y la música se desvanece. La pantalla se oscurece... Gracias por ser parte de este viaje cinematográfico. Esperamos que hayas disfrutado de la experiencia tanto como yo al crearla. Nos leemos pronto.